Masturbation
PICKEL
Periode
HORMONE
VERWIRRUNG
LSBTIQ*
RASIE
IDENTITÄT
total verknallt
HAARIG
PICKEL
KOMISCH
LSBTIQ*
Periode
STRESS
HAARIG
KLEBRIG
STIMM-BRUCH
Masturbation
VERWIRRUNG
STINKIG
STINKIG
IDENTITÄT
SCHLAF

GINA LOVELESS · LAURI JOHNSTON

So überlebst du die Pubertät

Illustriert von Lauri Johnston
Übersetzt von Anna Taube

Loewe

FSC
www.fsc.org
MIX
Papier aus verantwortungsvollen Quellen
FSC® C018236

Klimaneutral
Druckprodukt
ClimatePartner.com/18521-2202-1001

978-3-7432-1342-5
2. Auflage 2022
erschienen unter dem Originaltitel *Puberty Is Gross But Also Really Awesome*

Aus dem Amerikanischen übersetzt von Anna Taube
Innenillustrationen: Lauri Johnston
Handlettering: Birgit Jansen
Umschlaggestaltung: Johanna Mühlbauer
Printed in the EU

www.loewe-verlag.de

INHALT

TEIL 2: ANNÄHERUNG AUF DER GANZ(HEITLICH)EN LINIE

Ein Wort vorweg ...

Dieses Buch wurde für alle geschrieben, die ihre Pubertät verstehen wollen. Es will **INKLUSIV** sein und das bedeutet in diesem Fall, es will alle so gut wie möglich einschließen. In der Pubertät machen Kinder und Jugendliche viele Veränderungen durch und das ist manchmal echt verwirrend, eklig und beängstigend, aber auch irgendwie nice. *So überlebst du die Pubertät* hat zum Ziel, dass wer immer es zur Hand nimmt, sich darin wiederfinden kann.

Beispielsweise findest du eine Bandbreite an erwachsenen Sorgeberechtigten in diesem Buch. Manchmal ist das eine Mutter, manchmal auch ein Pflegevater. Es kommen Opas, Tanten und Onkel vor. Und zwar deshalb, weil so viele Kinder und Jugendliche in so unterschiedlichen Lebenssituationen aufwachsen. Manche leben bei ihren leiblichen Eltern, andere in Pflegefamilien. Sollten mal Erwachsene auftauchen, die nicht zu deiner

Situation passen – weil nicht dein Onkel, sondern deine Mama früher deine Klamotten rausgesucht hat –, dann tausche sie in deinem Kopf einfach gegen die für dich passenden Menschen aus. Eine weitere Art, wie dieses Buch sich für Inklusion einsetzen möchte, ist die Verwendung der Bezeichnungen **zugewiesen männlich** und **zugewiesen weiblich**. Wie du im Kapitel 9 „Ich bin, wer ich bin, und ich mag, wen ich mag (Alles über Gender-Ausdruck, Geschlechtsidentität und sexuelle Orientierung)" erfahren wirst, identifizieren sich nicht alle Kinder und Jugendlichen mit dem Geschlecht, das ihnen bei der Geburt zugewiesen wurde.

Jenseits von *männlich* und *weiblich* gibt es eine Vielfalt an Geschlechteridentitäten! Es gibt **TRANSGENDER** und **NICHT-BINÄRE** Jugendliche, die geschlechtsangleichende Maßnahmen (haben) durchführen lassen. Andere Tweens und Teens sind unsicher, welchem Geschlecht sie angehören und ob es das ihnen bei der Geburt zugewiesene ist oder nicht. Sie können eine **GESCHLECHTSDYSPHORIE**, also eine Geschlechtsidentitätsstörung, entwickeln, die schlimme Angstgefühle verursachen kann.

Wie auch immer es bei dir sein sollte: Die Veränderungen, die in deinem Körper vorgehen, hängen stark von deinem biologischen Geschlecht ab, das dir bei deiner Geburt zugewiesen wurde. Daran kannst du dich auf deinem völlig unvorhersehbaren Weg durch die Pubertät halten.

Egal, wer du bist, und wer immer sich um dich kümmert: So ziemlich alle in deinem Alter machen dieselbe verrückte Zeit durch wie du. Im besten Fall zeigt dir dieses Buch, wie universal, wie weltumspannend die

Pubertät ist. Dazu wirst du Beispiele aus aller Welt finden, die dir zeigen, wie ähnlich ihr euch alle seid.

Keine Sorge, du bist selbstverständlich einzigartig! Aber die Pubertät ist etwas, was eigentlich alle durchleben – und das ist doch ECHT NICE!

Wie sich dein Körper verändert und was das mit der Zahnfee zu tun hat

oder: Warum Zähne zu verlieren fast wie Pubertät ist

1 **Weißt du noch, wie du deine Milchzähne verloren hast (oder immer noch verlierst), sodass deine bleibenden Zähne nachwachsen konnten?** Etwa so funktioniert auch die Pubertät. So wie deine Erwachsenenzähne in deinem Mund gewachsen sind, wird nun auch der Rest deines Körpers wachsen und zu einem Erwachsenenkörper werden.

2 **Der Vorgang, wenn die neuen Zähne kommen, wird „Zahndurchbruch“ genannt. Deine nagelneuen Erwachsenenzähne brechen durch dein Zahnfleisch!** Bei der Pubertät ist es so ähnlich, denn plötzlich drückt und presst sich dein Körper in verschiedene Richtungen in seine erwachsene Form.

Keine Sorge, deswegen wird nichts raus- oder abfallen! (Falls doch, solltest du schnell ins Krankenhaus fahren! – Hey, war nur Spaß!)

3 **War es schmerzhaft, deine Milchzähne zu verlieren, und vielleicht**

sogar etwas beängstigend? Diese Gefühle können auch während der Pubertät auftauchen. Eher noch als körperliche könntest du aber emotionale Schmerzen haben. Und die können manchmal noch härter sein …
Aber genau wie bei körperlichen Schmerzen gibt es auch da Hilfsmittel, um dich besser zu fühlen. (Schau dir die Kapitel über Selbstbewusstsein, Mobbing und psychische Gesundheit an, wenn du mehr wissen möchtest!)

4 **Und zum Schluss noch ein mega Fakt: Je nachdem, wann du deinen ersten Milchzahn bekommen hast, kannst du etwa voraussagen, wann dein erster bleibender Zahn durchbrechen wird.** Die meisten Babys bekommen ihren ersten Zahn im 6. Lebensmonat. Kam dein erster Zahn einen Monat früher oder später als beim Durchschnitt, wird auch dein erster Erwachsenenzahn rund vier Monate eher oder später erscheinen. Das ist ein bisschen wie mit der Pubertät, denn auch da setzen die ersten kleinen Veränderungen alle weiteren in Gang.

Erinnere dich daran, dass es mit jedem Milchzahn, den du verloren hast, einfacher wurde. Ganz genauso gut wirst du auch die Pubertät meistern! Im Laufe der Zeit werden immer wieder neue Herausforderungen auf dich zukommen und du wirst dich daran gewöhnen und Wege finden, mit ihnen klarzukommen. Hey, du hast es geschafft, deine Milchzähne zu verlieren, da packst du das hier auch!

TEIL 1

CH-CH-CHANGES! ODER: ALLES ANDERS!

KAPITEL 1

Unter deinem T-Shirt

(Alles über die Brüste)

Wenn sich auf deiner Brust, die dein Leben lang flach war, mit einem Mal zwei kleine Dellen ausbeulen, fragst du dich vielleicht: Passiert das jetzt wirklich oder ist das dieser Traum, in dem ich mich in ein Kamel verwandle?

Es passiert wirklich, dir wachsen Brüste! Manche Tweens machen sich vielleicht Gedanken, wenn sie dies lesen, weil es bei ihnen noch nicht losgegangen ist. Aber die Spanne, wann die Pubertät einsetzt, und ganz besonders, ab wann die Brüste wachsen, ist *riesig*! Bist du zugewiesen weiblichen Geschlechts, wird es bei dir so zwischen achteinhalb und 13 Jahren losgehen – das ist ein Unterschied von bis zu viereinhalb Jahren!

Und die Brust entwickelt sich nicht nur bei Menschen zugewiesen weiblichen Geschlechts. Tatsächlich verändert sie sich auch bei etwa der Hälfte der als männlich bestimmten Jugendlichen im Laufe der Pubertät. (Darüber später mehr.)

Eine ganz wichtige Sache noch, bevor du weiterliest: Das Alter, in dem dein Brustwachstum beginnt, sagt nichts über deine Persönlichkeit aus. Es bedeutet nicht, dass du fortgeschritten oder irgendwie zurückgeblieben bist. Alles, was es bedeutet, ist, dass dein Körper zu dem für ihn richtigen Zeitpunkt eine Veränderung durchmacht.

So groß wie die Zeitspanne, wann das Brustwachstum beginnt, ist auch jene der Dauer – von einem bis zu sechs Jahren! Doch egal wie lang es dauert, die Entwicklung vollzieht sich immer in fünf Schritten, auch Tanner-Stadien genannt (sieh dir dazu die nächste Seite an).

Im Laufe dieser Stadien entwickelt sich das Brustdrüsengewebe. Das sind Millionen winziger Drüsen, die über ein System von Kanälen mit den Brustwarzen verbunden sind. So kannst du, solltest du irgendwann einmal ein Baby zur Welt bringen wollen, dieses mit Milch füttern. So sieht die weibliche Brust in etwa aus:

DIE TANNER-STADIEN DER WEIBLICHEN BRUST

STADIUM 1:

Als Allererstes erhebt sich die kleine Brustknospe, statt wie zuvor flach in der umgebenden Haut zu liegen.

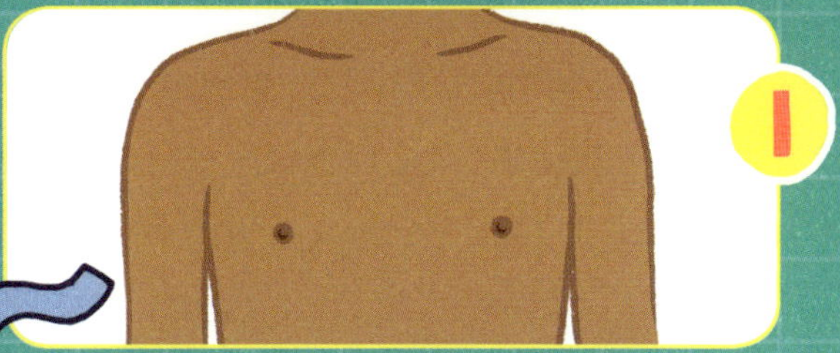

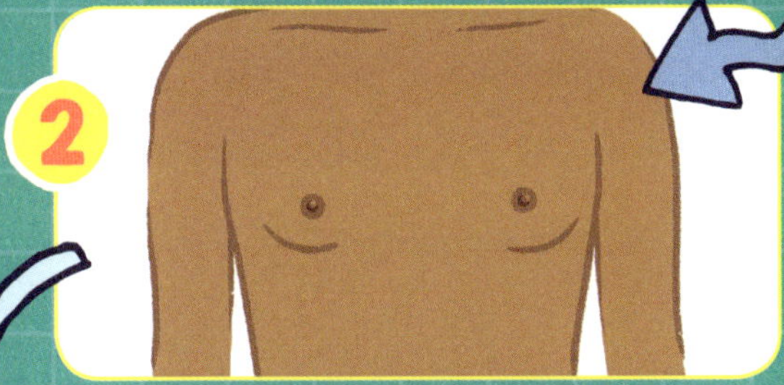

STADIUM 2:

Die Brustknospe hebt sich weiter und der Warzenhof, die dunkle Haut rund um die Brustknospe, ist leicht vergrößert. Das Brustdrüsengewebe wird mehr. Deine Brust fängt an, sich zu formen.

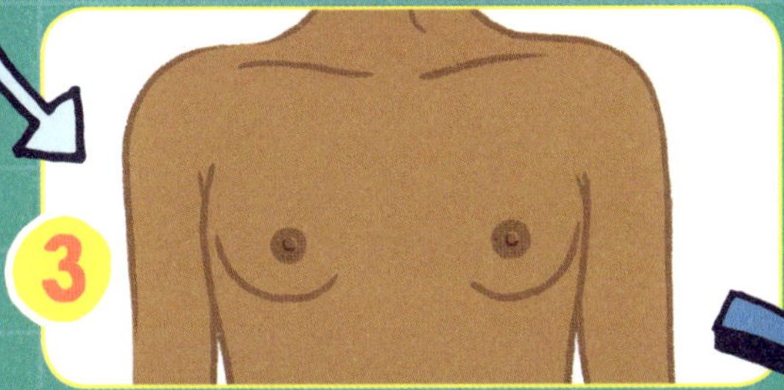

STADIUM 3:

Deine Brust beginnt, sich zu wölben. Der Warzenhof wird größer.

STADIUM 4:

Immer mehr Brustdrüsengewebe gibt deiner Brust ihre Form. Warzenhof und Brustwarzen heben sich deutlich ab und bilden ihren eigenen „Hügel“. Stell dir das wie einen Berg mit einer schneebedeckten Kuppe vor. Diese gehört zum Berg dazu, thront aber über allem. In diesem Stadium sind deine Brustwarzen mit dem Warzenhof wie diese Schneekuppe.

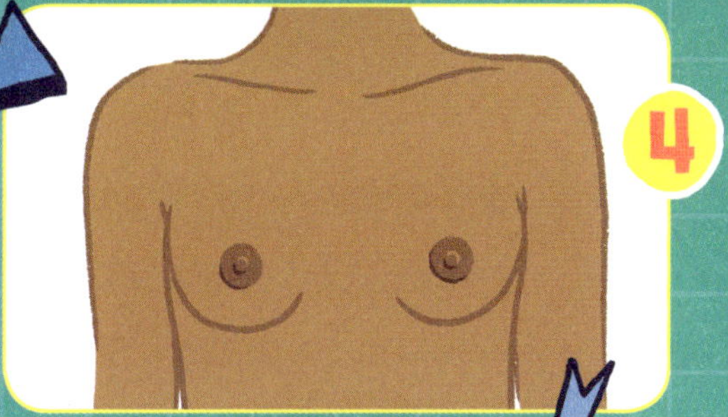

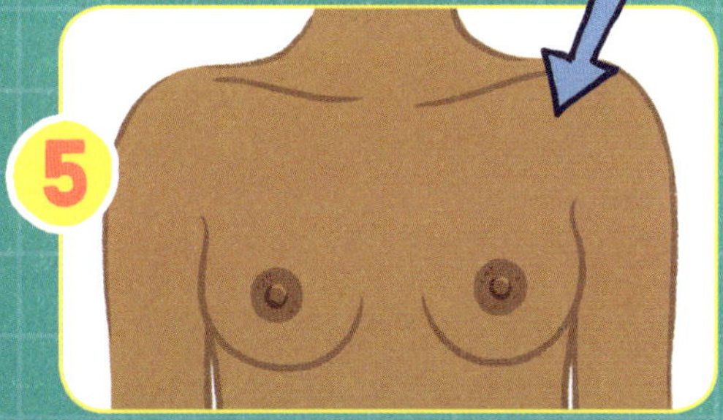

STADIUM 5:

Der Warzenhof glättet sich und bildet eine Ebene mit der Brust, die Brustwarze steht leicht vor.

Jetzt kommen wir zu der Stelle, an der wir über das mögliche Brustwachstum bei Jugendlichen zugewiesen männlichen Geschlechts reden. Wenn ihnen Brüste wachsen, spricht man entweder von **GYNÄKOMASTIE** oder von **PSEUDOGYNÄKOMASTIE** (auch **LIPOMASTIE**). So oder so ein echter Zungenbrecher! Eine Pubertätsgynäkomastie, also ein pubertäres Brustwachstum, kommt bei etwa 50 Prozent der Jugendlichen zugewiesen männlichen Geschlechts vor und wird durch natürliche Wachstumshormone im Körper ausgelöst. In den meisten Fällen bilden sich die kleinen Brüste nach etwa 18 Monaten wieder ganz von allein zurück. Auch hier kann der Zeitraum zwischen sechs Monaten und bis zu sieben Jahren schwanken.

Anders ist es mit der Pseudogynäkomastie beziehungsweise Lipomastie. Dabei bildet sich vermehrt Fettgewebe in der Brust und das sieht aus, als würden Busen wachsen. Zwar macht der Körper wegen der Pubertät auch hormonelle Veränderungen durch, aber sie sind nicht der Grund für das Brustwachstum, denn es bildet sich kein Brustdrüsengewebe. Eine Lipomastie folgt meist einer starken Gewichtszunahme. Abhilfe kann ein Wachstumsschub leisten. Oder auch ein paar Kilo abzunehmen.

Viele Jugendliche, die trans* sind oder gern kleinere Brüste hätten, nutzen Brustbinder. Viele Hersteller bieten diese speziellen Mieder an, du kannst sie zum Beispiel im Internet finden. Meistens sehen sie aus wie Tanktops und können unter dem T-Shirt getragen werden. Manche Tweens haben keinen Zugang zum

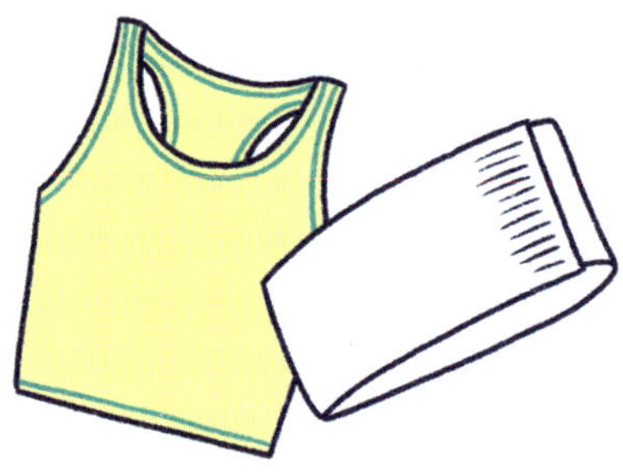

Internet oder können sich einen Brustbinder nicht leisten. Wenn das auf dich zutrifft, kannst du zwei Bustiers oder Sport-BHs übereinandertragen, um deine Brust kleiner wirken zu lassen. Egal, welchen Binder du benutzt, wichtig ist: Das Material sollte feuchtigkeitsregulierend und atmungsaktiv sein, um Hautirritationen und Scheuerwunden zu vermeiden. Also Finger weg von elastischen Binden oder Klebeband! Und achte auch darauf, dass deine Korsage nicht zu eng sitzt, damit genug Luft zum Atmen bleibt.

EINFACH MEGA!

Das Wachstum der Brüste ist bei Menschen zugewiesen weiblichen Geschlechts meistens das erste Anzeichen dafür, dass es nun losgeht mit der turbulenten Achterbahnfahrt namens Pubertät. Du bist dem Erwachsensein wieder einen Schritt näher gekommen. Während das Brustwachstum für manche einfach großartig ist, fühlen sich andere damit gar nicht wohl. Es ist völlig okay, wenn du zu denen gehörst, die diese Veränderungen nicht so toll finden. Vielleicht verunsichern sie dich sogar in deinem Körpergefühl oder deiner Geschlechtsidentität. Dann sprich mit einer erwachsenen Vertrauensperson oder deiner*m Ärzt*in über deine Empfindungen. Ist Letzteres der Fall, durchlebst du möglicherweise eine Geschlechtsidentitätsstörung. Was immer es ist, du musst es nicht allein durchmachen!

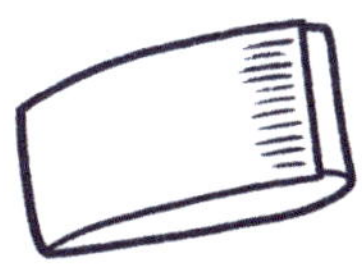

MOMENT MAL, IM ERNST JETZT?

Ein Lob auf die Flavonole

Isst du viele Äpfel? Oder kocht deine Pflegemutter zu jedem Essen Kohl? Falls ja, kann es passieren, dass dein Brustwachstum bis zu fünf Monate später einsetzt als bei Tweens, die weniger von diesen Lebensmitteln essen. In bestimmtem Obst und Gemüse befinden sich Flavonole. Das sind biochemische Verbindungen, die in Pflanzen vorkommen – und wenn du viele davon isst, kann es sich auf die Entwicklung deiner Brüste auswirken. Aber! Komm jetzt nicht auf komische Ideen und schieb diese Lebensmittel deinem Hund zu, nur damit du früher Brüste bekommst. Wurde dir bei der Geburt das weibliche Geschlecht zugewiesen, dann werden sie früher oder später wachsen. Es gibt keinen Grund, das zu beschleunigen. Außerdem haben die Lebensmittel mit einem hohen Flavonolgehalt nachhaltige Vorteile für deine Gesundheit, zum Beispiel stärken sie dein Herz. So, da hast du etwas zum Knabbern!

EEHM, IST DAS NORMAL?

Ich mache mir Sorgen, weil meine eine Brust etwas größer ist als die andere.

Atme tief durch. Es ist alles absolut in Ordnung. Die Brüste sind bei niemandem exakt gleich groß! Als deine Brüste wuchsen, war die eine einfach etwas schneller als die andere. Das ist alles.

Uuuh, da ist ein Haar auf meiner Brust. Wachsen auf Brüsten Haare?

Jup, auf Brüsten können Haare wachsen. Das wird als **HIRSUTISMUS** bezeichnet und beschreibt das Wachstum einer Behaarung bei Menschen zugewiesen weiblichen Geschlechts, die eigentlich typisch für Menschen zugewiesen männlichen Geschlechts sind. Mögliche andere Stellen sind das Kinn oder die Oberlippe.
Auslöser können Medikamente oder eine Erkrankung sein. Bei Zweiterem sind vermutlich diese nervtötenden Hormone schuld, die wieder alles durcheinanderbringen. Hol dir ärztlichen Rat, um festzustellen, woran du bist.

Muss ich jetzt, wo mir Brüste wachsen, einen BH tragen?

Mach das, wie du willst. Viele Jugendliche zugewiesen weiblichen Geschlechts tragen anfangs Bustiers. Das sind weiche Mieder für kleine Brüste, die noch nicht in BHs in den Standardgrößen passen. Wenn ihre Brüste dann größer werden, wechseln sie zu normalen Büstenhaltern. Wenn du Sport treibst, wirst du beim Joggen oder Trainieren einen Sport-BH vielleicht bequemer finden.

Wattierte Schalen-BHs sind eine Möglichkeit, deine Brust voller aussehen zu lassen, wenn sie nicht so groß ist, wie du es gern hättest. Auch wenn du dein Erscheinungsbild als trans* oder nicht-binärer Jugendlicher ändern möchtest, ist das eine Option, um die Brust größer wirken zu lassen. Oder du entscheidest dich dafür, gar keinen BH zu tragen, und das ist auch völlig in Ordnung.

KAPITEL 2

In deiner Unterhose

(Alles über Penis, Hoden und Hodensack)

Wenn dir das männliche Geschlecht zugewiesen wurde, weißt du vermutlich genau, wo sich dein Penis befindet. Er ist zwischen deinen Beinen und du pinkelst damit, seit du denken kannst.

Was du vielleicht noch nicht weißt, ist, dass dein Penis aus zwei Teilen besteht: 1. dem Penisschaft, also dem Teil, den du siehst, und 2. der Peniswurzel, dieser Teil liegt in deinem Körper. Von der Wurzel bis zur Penisspitze, der Eichel, zieht sich ein zylinderförmiger Schwellkörper aus Gewebe und Blutgefäßen. Mittendrin verläuft die Harnröhre (Urethra), aus der Urin und Sperma fließen. Mehr über Sperma lernst du in „Guck mal, was da spritzt (und das zu jeder Tageszeit)!" in diesem Kapitel.

Zu den männlichen Genitalien gehören neben dem Penis auch die Hoden (Testikel) und der Hodensack (Skrotum). Die zwei Hoden liegen im Hodensack und erzeugen und nähren die Spermien. Der Hodensack besteht aus dünner, elastischer Haut. Er schützt die Hoden und sorgt für die perfekte Temperatur, indem er sie vom Rest deines Körpers ein wenig fernhält. Das ist wichtig, damit die Hoden gesund und die Spermien aktiv bleiben.

Aber die männlichen Geschlechtsorgane bestehen noch aus weiteren Teilen!

Die Entwicklung von Penis, Hoden und Hodensack hat verschiedene Stadien, die meist zwischen dem neunten und 15. Lebensjahr beginnen und zwischen dem 13. und 18. abgeschlossen sind. Es kann aber bis zum 21. dauern, bis da unten alles fertig ist. Wie bei allem in der Pubertät gibt es auch hier eine große Zeitspanne und wie die Brüste entwickeln sich auch Penis, Hoden und Hodensack in fünf „Tanner-Stadien".

DIE TANNER-STADIEN DER MÄNNLICHEN GENITALIEN

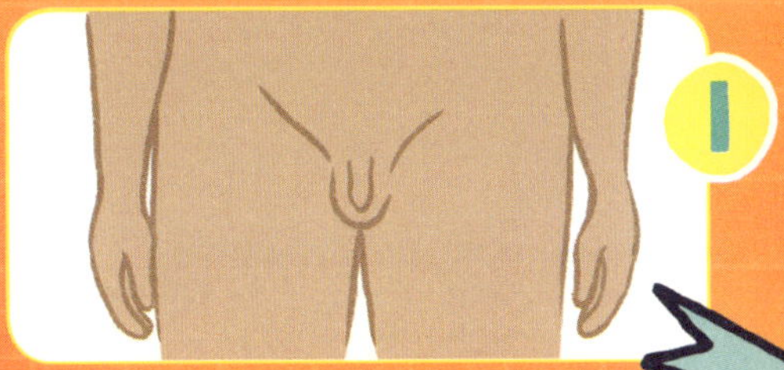

STADIUM 1:

In der Vorpubertät sind dein Penis, die Hoden und der Hodensack klein und die Haut hat etwa dieselbe Farbe wie dein Körper.

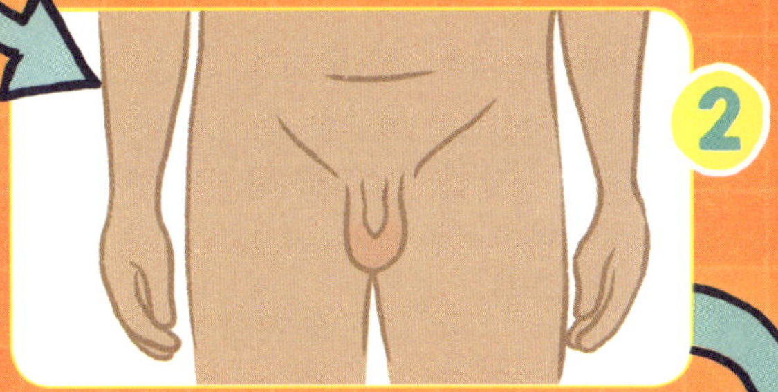

STADIUM 2:

Hoden und Hodensack werden größer. Die Haut am Hodensack rötet sich und wird dünner, sie fühlt sich etwas anders an.

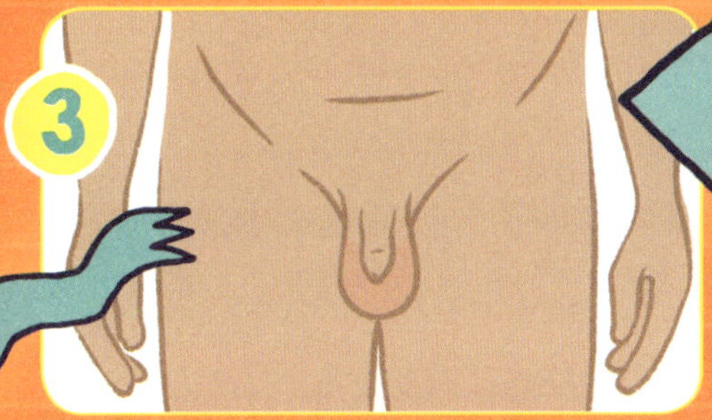

STADIUM 3:

Der Penis tritt der Wachstums-party bei! Er wird etwas länger und dicker. Hoden und Hodensack wachsen weiter.

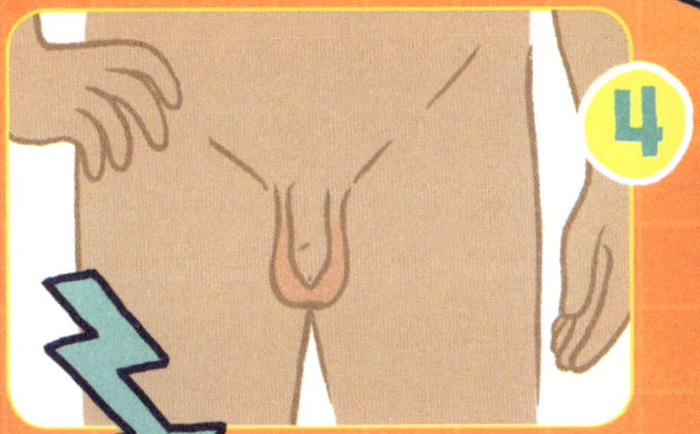

STADIUM 4:

Jetzt wächst der Penis am meisten. Er wird länger und dicker. Die Spitze verändert sich und fängt an, anders auszusehen als der Penisschaft. Hoden und Hodensack wachsen weiter. Die Haut des Hodensacks ist deutlich dunkler als zuvor.

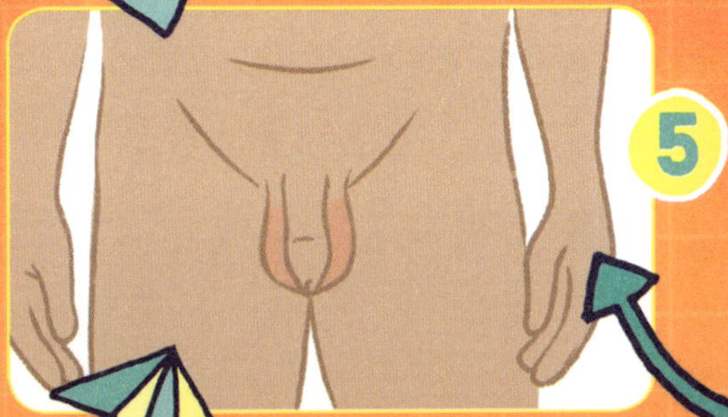

STADIUM 5:

Ding, ding, ding! Penis, Hoden und Hodensack sind ausgewachsen.

Während dein Penis wächst, bemerkst du vielleicht auch weitere Veränderungen, zum Beispiel, dass er plötzlich von selbst hart und steif wird. Das nennt man **ERECKTION**.

Im Penis gibt es drei Schwellkörper aus schwammartigem Gewebe. Der paarige Schwellkörper an der Oberseite des Penisschafts ist der

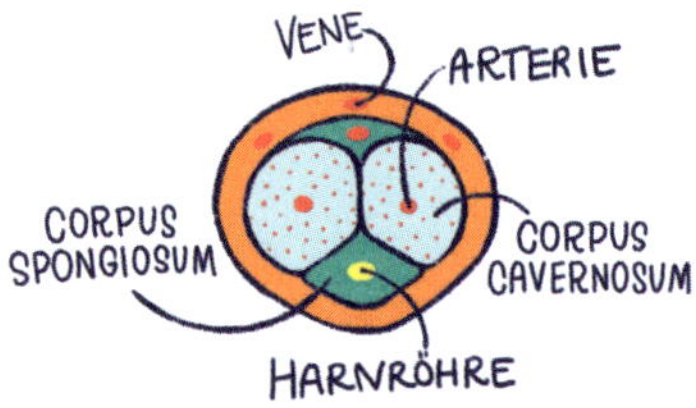

SCHLAFF

PENISSCHWELLKÖRPER (Corpus cavernosum penis). Der **HARNRÖHRENSCHWELLKÖRPER** (Corpus spongiosum penis) verläuft an der Unterseite und mündet im **EICHELSCHWELLKÖRPER** (Corpus spongiosum glandis).

Wie bei einem Schwamm können sich die Hohlräume in diesem Gewebe füllen. Ist der Penis schlaff, sind die Hohlräume ungefüllt. Drücke einen Schwamm in deiner Faust zusammen Siehst du, wie klein er sein kann? Hier ist das genauso.

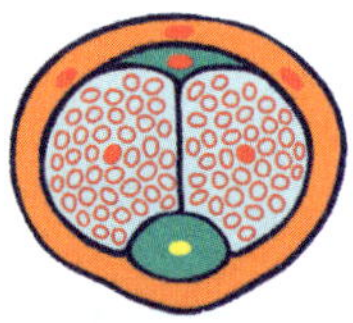

ERIGIERT

Wenn der Penis erigiert, fließt Blut in die Hohlräume, sodass sie anschwellen. Denk daran, das passiert alles im Inneren deines Penis, es sollte kein Blut aus ihm herausfließen. (Falls doch, ist das eine von diesen Sofort-ab-ins-Krankenhaus-Situationen.)

Die Arterien, die deinen Penis mit Blut versorgen, weiten sich und sorgen dafür, dass sich das Erektilgewebe dehnt. Dieser Druck und die Schwellung pressen gegen deine Venen, sodass sie sich möglicherweise deutlich unter der Haut abzeichnen, wenn dein Penis steif ist.

Lässt die Erregung nach, flaut die Schwellung ab. Der Penis wird wieder weich und schlaff und erlangt seine normale Größe. Der Blutfluss wird weniger, der Druck fällt ab, die Venen ziehen sich zurück, das Blut fließt aus den Hohlräumen heraus, das Erektilgewebe verengt sich.

Der durchschnittliche Penis ist im erigierten Zustand etwa 15,25 Zentimeter lang. Die allermeisten sind zwischen 13 und 18 Zentimeter lang.

Ach ja, die Größe deines Penis (egal ob erigiert oder schlaff) bedeutet: Das ist die Größe deines Penis.

Jup, das war's.

So, nun weißt du also, was passiert, *wenn* der Penis erigiert, aber noch nicht, **WARUM**:

- **BERÜHRUNG:** Deine Hosen, Bettlaken, ein Handtuch oder deine Hand reiben an deinem Penis und können eine Erektion verursachen.

- **GEDANKEN ODER BILDER:** Wenn du etwas mit deinen Augen oder in deinem Kopf siehst, das dir gefällt und dich glücklich macht, kann das eine Erektion hervorrufen.

- **AUGENSCHEINLICH NICHTS, ABER IN WIRKLICHKEIT HORMONE:** Das nennt man eine **SPONTANE EREKTION**.

Normalerweise verschwindet die Erektion schnell wieder, wenn du den Penis in Ruhe lässt und nicht mehr an das denkst, was dich erregt hat. Oder du wirst sie los, indem du deinen Penis reibst, bis du ejakulierst. Das nennt man **MASTURBATION**. Mehr über Ejakulation findest du unter „Guck mal, was da spritzt (und das zu jeder Tageszeit)!" in diesem Kapitel.

EINFACH MEGA!

Die Entwicklung von Penis, Hoden und Hodensack ist für jeden Jugendlichen zugewiesen männlichen Geschlechts eine unglaubliche Veränderung. Es ist eine der größten, die dein Körper durchmacht, und du kannst sie mitverfolgen! (Vielleicht schaust du sogar jeden Tag nach, ob er wieder anders aussieht. Das ist völlig okay: So wie du machen es auch unzählige andere Jugendliche mit einem Penis.) Es ist schon ziemlich cool, eine körperliche und dabei so persönliche Veränderung zu beobachten. Nur DU siehst diese ganzen Ch-Ch-Changes!

Aber was einige echt cool finden, bereitet anderen Unbehagen. Vielleicht fühlst du dich mit dem Wachstum von Penis, Hoden und Hodensack nicht wohl und/oder bist dir unsicher, ob dein bei deiner Geburt zugewiesenes Geschlecht mit deiner Geschlechtsidentität übereinstimmt. Es ist völlig okay, solche Gefühle und Gedanken zu haben. Wichtig ist: Mach es nicht allein mit dir aus. Sprich mit einem*r Erwachsenen, dem du vertraust, oder hol dir ärztlichen Rat.

EEEHM, IST DAS NORMAL?

Als ich aufgewacht bin, war mein Penis steif – ganz von allein! Ist alles okay bei mir?

Klingt, als hättest du eine „Morgenlatte". Dieser Begriff beschreibt eine morgendliche Erektion. Eine Morgenlatte ist ganz normal und verschwindet meist wenige Minuten nach dem Aufwachen. Falls nicht, solltest du dir ärztlichen Rat holen.

Mir wurde das männliche Geschlecht zugewiesen, aber ich bin mir nicht sicher, ob das meiner Geschlechtsidentität entspricht und dem Genderausdruck, den ich gern hätte, und möchte nicht, dass sich mein Penis unter meiner Kleidung abzeichnet. Irgendwelche Tipps?

Versuch es mal mit TUCKING. Dafür gibt es mehrere Methoden. Bei einer werden Penis und Hoden zwischen die Oberschenkel gezogen und mithilfe eines engen Slips oder einer Nylonstrumpfhose fixiert. Starte langsam. Beginne mit kurzen Zeitspannen und weite sie allmählich aus. Babypuder zwischen den Schenkeln und auf der Haut um deine Genitalien kann Irritationen oder gar Scheuerwunden verhindern. Es darf sich nicht unbequem anfühlen! Mach eine Pause, falls du Schmerzen hast, und probiere eine andere Methode aus. Hole dir ärztliche Hilfe, wenn die Schmerzen anhalten oder andere unerwünschte Effekte wie Taubheit oder Hautausschläge auftreten.

GUCK MAL, WAS DA SPRITZT (UND DAS ZU JEDER TAGESZEIT)!

Was soll das denn?

Wenn dein Penis erigiert und du ihn aus Vergnügen reibst (aka Masturbation), ist dir vermutlich schon aufgefallen, dass eine klebrige Flüssigkeit herausspritzt. Das kann sogar nachts passieren, während du schläfst, und dann entdeckst du die Überreste am nächsten Morgen auf deinen Laken oder in deiner Unterhose. Alles über diesen Fall kannst du in „Guck mal, was da spritzt (und das schon am Morgen)!" auf der folgenden Seite nachlesen.

Das klebrige Zeug wird **Samenflüssigkeit** (Sperma) genannt und darin befinden sich **Spermien**. Spermien sind Samenzellen, die im männlichen Körper während der Pubertät heranreifen.

Ihr Zweck ist (rein evolutionär gesprochen), beim Penis-in-Vagina-Geschlechtsverkehr Babys zu zeugen. Zu Beginn des Buches hast du im Kapitel „Wie sich dein Körper verändert und was das mit der Zahnfee zu tun hat" gelernt, dass sich dein Körper im Laufe der Pubertät vom Kind zum Erwachsenen wandelt. Selbst wenn du noch keinen Sex und erst recht keine Babys haben willst, bereitet sich dein Körper schon für später darauf vor. Lass dir mit diesen Erwachsenensachen Zeit, bis auch dein restlicher Körper und dein Kopf bereit sind.

GUCK MAL, WAS DA SPRITZT (UND DAS SCHON AM MORGEN)!

Spritzig in den Tag ...

Wenn du morgens aufwachst, etwas Klebriges auf deinen Bettlaken, in deiner Unterwäsche oder deiner Schlafanzughose bemerkst und es kein Urin ist (und du außerdem zugewiesen männlichen Geschlechts bist), hattest du vermutlich einen nächtlichen Samenerguss oder, salopp, einen **feuchten Traum**. Ein feuchter Traum, medizinisch **Pollution** genannt, geschieht ohne dein Zutun mitten in der Nacht und meist erinnert dich außer den Flecken nichts daran. Es gibt einige Gründe für feuchte Träume. Welcher auch immer zutrifft: Es ist alles okay und ganz normal. Etwa vier von fünf Jugendlichen zugewiesen männlichen Geschlechts haben manchmal nächtliche Samenergüsse. Wechsle dann einfach deine Bettlaken und steck Unterwäsche und Schlafanzug am besten gleich in die Waschmaschine. Sollte die Flüssigkeit doch Urin sein, lies in Kapitel 10 „Im Land der Träume (Alles über den Schlaf)" weiter und erfahre, warum auch das ganz normal sein kann.

KAPITEL 3

Hi, Eierstöcke!

(Alles über die Menstruation)

Zu Beginn dieses Buches hast du gelernt, dass sich dein Körper in der Pubertät für das bereit macht, was er später im Erwachsenenleben vermutlich brauchen wird: Seit es Menschen gibt, haben sie sich **REPRODUZIERT**, also durch Penis-in-Vagina-Geschlechtsverkehr Leben gezeugt. Ein Weg für deinen Körper, sich auf diese Aufgabe vorzubereiten, ist die **MENSTRUATION** – vorausgesetzt, dir wurde das weibliche Geschlecht zugewiesen. Du kennst das vielleicht auch als „die Periode" oder „die Tage haben". Mit deiner ersten Monatsblutung, der **MENARCHE**, bist du geschlechtsreif. Ob du Geschlechtsverkehr oder gar Babys haben möchtest, musst du noch lange nicht entscheiden. Doch dein Körper macht sich jetzt dafür bereit. (Danke, Hormone!)

Gibt es jemanden, den du mal nicht mochtest, dann ein bisschen, dann wirklich sehr und plötzlich überhaupt nicht mehr? So etwa kann sich die Periode anfühlen. Die Menstruation ist ein sich ständig wiederholender Kreislauf aus Veränderungen, der etwa 23 bis 35 Tage dauert. Und er kann ein echtes Wechselbad der Gefühle sein, denn er verläuft in drei Phasen.

DIE MONATSBLUTUNG (MENSTRUATION)

Gegen Ende des Menstruationszyklus fällt der Hormonspiegel und löst die Monatsblutung aus. Damit beginnt ein neuer Zyklus. Um die Monatsblutung zu verstehen, musst du ein paar wichtige Teile des weiblichen Körpers kennen. Der **UTERUS**, also die Gebärmutter, ist ein hohles, muskulöses Organ, das tief im Becken liegt. Der untere Teil geht in den Gebärmutterhals, die **ZERVIX**, über. Über den **ZERVIXKANAL** ist der Uterus mit der Vagina verbunden. Im Laufe des Monatszyklus bildet sich in der Gebärmutter die **GEBÄRMUTTERSCHLEIMHAUT**, in die sich ein befruchtetes Ei einnisten kann – der Beginn einer Schwangerschaft. Ohne befruchtetes Ei wird die Gebärmutterschleimhaut abgebaut und mit Blut und Schleim über die Vagina ausgeschieden.

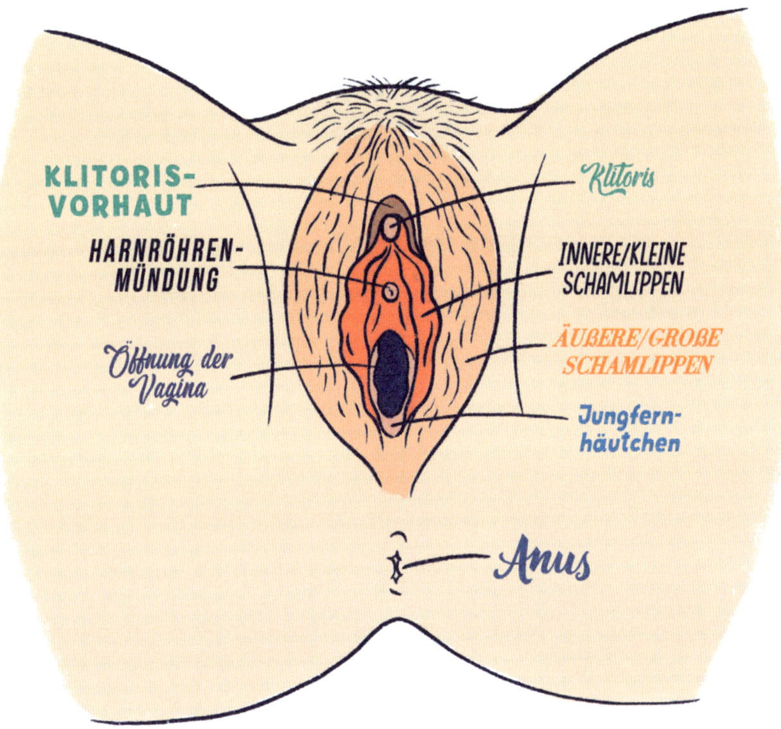

DIE FOLLIKELPHASE

In dieser Phase dreht sich alles um die **EIERSTÖCKE** (Ovarien) und die **FOLLIKEL**. Die Eierstöcke liegen links und rechts von der Gebärmutter im weiblichen Körper und enthalten (schon vor der Geburt!) Tausende von Eizellen. In jedem Monatszyklus reifen in den Eierstöcken etwa 20 Eizellen heran und nisten sich in flüssigkeitsgefüllten Bläschen, den Follikeln, ein. Obwohl es zwei Eierstöcke voller Eizellen gibt, reift pro Zyklus nur die größte Eizelle aus. Der Follikel platzt und die reife Eizelle wird freigesetzt. Werden aber doch zwei Eier reif und befruchtet, kommt es zu Schwangerschaften mit „zweieiigen" Zwillingen. Die Eizelle macht sich auf die Wanderschaft durch den **EILEITER** in die Gebärmutter. Der Eileiter ist aber keine Kletterleiter mit Sprossen, sondern eher ein langer, leicht geschwungener Gang.

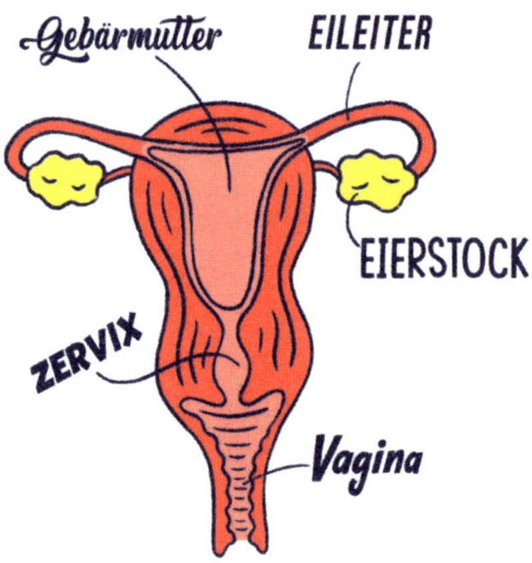

DIE LUTEALPHASE

Nach dem Eisprung entwickelt sich aus dem geplatzten Follikel ein gelbes Gebilde (Corpus luteum) und schüttet ein Hormon aus, das dein Körper braucht, damit sich aus der befruchteten Eizelle ein Baby entwickeln kann. Wurde allerdings keine Eizelle durch Penis-in-Vagina-Geschlechtsverkehr befruchtet, bildet sich der Follikel zurück und der Hormonspiegelabfall hat eine Kettenreaktion zur Folge: Auch der Östrogen- und der Progesteronspiegel fallen ab und lösen die Monatsblutung aus. Ein neuer Zyklus beginnt – und das jeden Monat wieder, bis du vielleicht irgendwann schwanger wirst.

Während du die Blutung sehr genau mitbekommst, laufen die beiden anderen Phasen sozusagen „hinter der Bühne" ab. Stell dir das Ganze wie in einer Küche vor. Die Follikelphase ist die Vorbereitungszeit, in der du die benötigten Zutaten zurechtschnippelst. Während der Lutealphase wird das Essen zubereitet und in der Menstruationsphase zu Tisch gebracht. Wobei … stell es dir lieber doch nicht so vor oder dir vergeht beim nächsten Mittagessen noch der Appetit auf deine Spaghetti. Wenn du dich fragst, wann du ungefähr deine erste Periode bekommen wirst: meist etwa ein Jahr, nachdem dein Brustwachstum eingesetzt hat.

Es gibt verschiedene Möglichkeiten, um diese Blut-und-Schleim-Mischung von deiner Lieblingshose fernzuhalten.

Auf der nächsten Seite erfährst du – ohne besondere Reihenfolge –, welche.

MENSTRUATIONSPRODUKTE!

BINDEN

Binden sind wie netter designte Windeln für die Menstruation. In die Unterhose geklebt, nehmen sie dort sämtliche austretende Flüssigkeiten auf. Binden gibt es in verschiedenen Größen und Dicken. Denn die **BLUTUNGEN** können an den drei bis fünf Tagen jeder Menstruation und bei jedem Menschen zugewiesen weiblichen Geschlechts unterschiedlich stark sein. Wechsele deine Binde tagsüber alle paar Stunden und trage nachts eine längere, dickere Variante, damit du ungestört träumen kannst. Sollte dir jetzt einfallen: *Oh nein, eine Binde ist also quasi wie eine Windel, aber jeder kann die Windel eines Babys sehen, dann sieht ja auch jeder meine Binde, aaaah!*, dann atme tief durch! Niemand wird deine Binde sehen. (Es sei denn, sie hängt aus deiner Shorts. Achte also darauf, sie immer gut in deiner Unterhose zu befestigen!)

TAMPONS

Wenn du nun denkst: *Binden sind praktisch, aber wäre es nicht cooler, die ganze Schmiere würde schon aufgefangen werden, BEVOR sie aus mir rauskommt?*, dann denkst du vermutlich so wie die Erfinder*innen des Tampons! Viele Tampons haben einen Applikator, also eine Einführhilfe aus Plastik oder Pappe. Wenn du dir nicht sicher bist, wie du einen Tampon (mit oder ohne Applikator) einführen sollst, frag am besten eine*n vertraute*n Erwachsene*n.

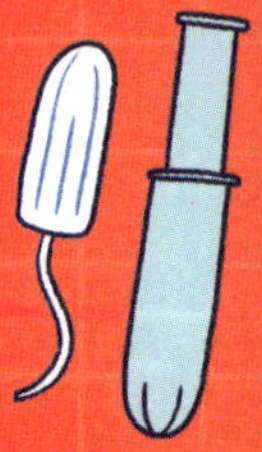

Wie eine Binde solltest du auch einen Tampon regelmäßig, spätestens aber nach acht Stunden, wechseln. Und ebenfalls wie Binden gibt es Tampons in diversen Größen, je nachdem, wie stark deine Blutungen sind. Ein echter Vorteil von Tampons ist, dass du damit während deiner Periode schwimmen gehen kannst!

Einen weißen, fluffigen Baumwollzylinder in die Vagina zu schieben, ist aber auch mit einem Risiko verbunden. Du kannst eine seltene, aber sehr ernst zu nehmende Krankheit bekommen: das **Toxische Schocksyndrom (TSS)**. Dieses Kreislauf- und Organversagen wird durch Bakterien verursacht und kann erfolgen, wenn du Tampons nicht regelmäßig genug wechselst oder

zu saugstarke trägst. Hole SOFORT ärztliche Hilfe, wenn du EINES dieser Symptome bemerkst: sehr hohes Fieber (39° Celsius oder mehr), Muskelschmerzen, gerötete Augen, sonnenbrandartiger Hautausschlag, Kreislaufbeschwerden, Durchfall, Erbrechen oder ungewohnter Scheidenausfluss.

Ein TSS kannst du vermeiden, indem du keine Tampons trägst, sie regelmäßig (mit sauberen Händen!) wechselst oder zwischen Tampon und Binde variierst. Wichtig ist, dass dein Tampon nur so saugstark wie nötig ist, nimm also gerade am Anfang lieber die kleinste Stärke. Und nachts könntest du eine Binde nehmen.

ÖKOLOGISCHE VARIANTEN

Sollten dich die Chemikalien in herkömmlichen Binden und Tampons (zum Beispiel, um Gerüche zu binden) anwidern, gibt es ungebleichte Bio-Baumwollvarianten ohne chemische Zusätze. Die kosten zwar etwas mehr, aber wenn dir Chemikalien in deinem Körper oder der Umwelt Sorgen machen, wirst du dich damit gewiss besser fühlen.

Und wenn dich der Abfall, der bei Wegwerfprodukten entsteht, dazu bringen sollte, stundenlang einen Baum zu umarmen und zu versprechen: „Ich werde mich bessern, ich schwöre es!", dann passen wiederverwendbare Binden zu dir. Aus einem weichen, saugkräftigen Stoff gefertigt, kannst du sie viele, viele Jahre verwenden, indem du sie nach Gebrauch zuerst in kaltes Wasser legst und dann bei 60° Celsius in die Waschmaschine steckst.

MENSTRUATIONS-TASSE

Menstruationstassen sind eine wiederverwendbare Alternative zu Tampons. Eingeführt in die Vagina, fängt die Tasse dort das Blut auf. Wenn sie voll ist, gibst du den Inhalt einfach in die Toilette, wäschst die Tasse und deine Hände gründlich und führst sie wieder ein oder räumst sie, wenn du sie nicht mehr brauchst, weg. Aber nicht zu den Tassen im Küchenschrank! Vielen trans* und nicht-binären Jugendlichen gefällt an Tassen, dass sie nicht so oft gewechselt werden müssen und so der Besuch einer öffentlichen Toilette umgangen werden kann.

EINFACH MEGA!

Die Periode wiederholt sich immer wieder und wieder und zeigt dir damit, dass dein Körper seinen ganz individuellen Rhythmus für seine Abläufe hat. (Nun ja, jedenfalls so ungefähr. Lies mehr in „Moment mal, im Ernst jetzt?“ direkt hier drunter.)

MOMENT MAL, IM ERNST JETZT?

Im Leid vereint

MARTHA McCLINTOCK

Wurde dir bei der Geburt das weibliche Geschlecht zugewiesen und lebst du mit anderen, bei denen es ebenso ist, zusammen, ist es möglich, dass ihr alle etwa zur selben Zeit eure Periode bekommt. Man nennt das den „McClintock-Effekt“, benannt nach der Forscherin **Martha McClintock**. Im Jahr 1971 stellte sie fest, dass Frauen, die in Gruppen zusammenleben, ihre Menstruation fast zeitgleich bekommen und nahezu gleiche Zyklen haben. Erst dachte sie, dass der Grund dafür ihre enge zwischenmenschliche Beziehung sei. Doch 27 Jahre später fand sie heraus, dass es an **PHEROMONEN** liegt, chemischen Signalen, die über Hautdrüsen ausgesendet und durch die Luft übertragen werden. Sie veranlassen die Hormone der Frauen dazu, sich aufeinander einzustellen. Die Theorie ist bis heute umstritten.

VOR LANGER, LANGER ZEIT

Die Periode, so alt wie die Menschheit …

Manche Dinge ändern sich über Nacht, andere brauchen 900 Jahre! Vor endlos langer Zeit, nämlich etwa vom 6. bis 15. Jahrhundert, bekamen die Mädchen im Durchschnitt mit 13 oder 14 Jahren zum ersten Mal ihre Periode. Manchmal waren sie auch erst zwölf Jahre alt, wie eine deutsche Nonne im 12. Jahrhundert beschrieb:

> Jedoch hat ein junges Mädchen keine Periode und kann deshalb auch nicht schwanger werden, da ihre Körperteile noch nicht fertig sind, so wie ein Haus noch nicht fertig ist, für das man das Fundament gelegt, aber noch keine Mauern hochgezogen hat. Wenn sie aber ihr zwölftes Jahr erreicht hat, reift ihr Körper heran und wird kräftiger.

Heutzutage können Tweens schon mit neun Jahren geschlechtsreif werden. Vielleicht kannst du dir deine Tage so vorstellen, wie es die deutsche Nonne beschrieben hat: Dein Körper baut an und stärkt seine Wände! Denke daran, wenn dich die Menstruationskrämpfe gefühlt zerreißen. Immerhin ist nun wieder ein Fundament fürs Erwachsensein gelegt!

EEEHM, IST DAS NORMAL?

Ich habe während meiner Tage Schmerzen im Unterleib. Ist das normal?

Klingt nach Krämpfen. Sie entstehen, wenn Hormone eine Anspannung der Uterusmuskeln verursachen. Mit ihnen gehen oft auch Bauchschmerzen, Kopfschmerzen und Müdigkeit einher. Am schlimmsten sind die Krämpfe meist kurz bevor oder wenn die Periode losgeht. Und meist verschwinden sie, wenn die Blutungen aufhören.

Doch wie bei so vielen Veränderungen in der Pubertät können auch die Krämpfe von Mensch zu Mensch verschieden sein und diverse Gründe haben. Hole dir ärztlichen Rat, wenn sie dir Sorgen bereiten und insbesondere, wenn sie selbst Tage oder eine Woche nach der Menstruation nicht aufhören. Eine als **SEKUNDÄRE DYSMENORRHOE** (sekundärer Regelschmerz) bezeichnete Krankheit kann beispielsweise durch Entzündungen im Becken oder Zysten im Uterus verursacht werden. Lass dich also lieber doppelt und dreifach fachkundig durchchecken, um abzusichern, dass wirklich deine Periode Auslöser für die Krämpfe ist.

Da kommt etwas aus meiner Scheide, aber es ist kein Blut. Normalerweise ist es klarflüssig, aber manchmal auch weißlich. Ist da unten alles in Ordnung?

Wahrscheinlich schon. Was da aus dir herauskommt, ist vermutlich **SCHEIDENAUSFLUSS** und meistens supergesund und total normal. Weil wir alle verschieden sind, sieht auch der Scheidenausfluss bei allen anders aus. Mal ist er klar und dünn, mal dicker und weißlich und mal eine Kombination aus beidem. Scheidenausfluss schützt die Vagina vor Infektionen und hält das Gewebe gesund. Möglicherweise siehst du auch vaginale Gleitflüssigkeit (Lubrikation), die das Gewebe feucht und geschmeidig macht, oder eine Ejakulation, eine etwas schleimige, aber komplett gesunde Flüssigkeit. Mehr dazu findest du in „Was kommt da aus mir heraus? (Das ist kein Blut oder Scheidenausfluss!)" auf der nächsten Seite.

Manchmal ist Scheidenausfluss nicht gesund. Wenn er blutig ist und nicht mit der Periode zusammenhängt, die Farbe verändert (etwa von eher weißlich zu sehr weiß, gelb oder grünlich), dicker ist, klumpt, stark riecht, juckt oder sich einfach ungut anfühlt, solltest du ärztliche Hilfe holen. Keine Panik! Womöglich ist es nur eine kleine Pilzinfektion, die zügig auskuriert werden kann. Kläre mit einer Fachperson, was es mit deinem Ausfluss auf sich hat.

Meine Periode ist völlig durcheinander. Mal dauert sie nur ein paar Tage und ist ganz schwach, dann ist sie wieder echt stark und lang. Mal liegen genau vier Wochen dazwischen, mal weniger oder mehr. Muss ich mir Sorgen machen?

Zur Sicherheit solltest du eine Arztpraxis aufsuchen. In den ersten zwei Jahren nach der Menarche sind unregelmäßige Zyklen mit starken (oder stark wirkenden) Blutungen normal, doch auch Krankheiten können der Auslöser sein. Eine Störung liegt aber meist erst vor, wenn der Zyklus dauerhaft kürzer als 23 oder länger als 35 Tage ist und um mehr als acht Tage schwankt.

WAS KOMMT DA AUS MIR HERAUS?
(Das ist kein Blut oder Scheidenausfluss!)

Ejaku-WAS?

Wenn das, was aus deiner Vagina fließt, kein Menstruationsblut und auch kein Scheidenausfluss ist, könnte es sich um **VAGINALE LUBRIKATION**, ein Gleitmittel aus bestimmten Drüsen, oder um eine **EJAKULATION** handeln, je nachdem, was gerade um dich herum und mit dir passiert. Während der Pubertät haben Personen zugewiesen männlichen Geschlechts oft Erektionen, wenn sie sexuell erregt sind. Das kann auch Jugendlichen zugewiesen weiblichen Geschlechts passieren: Wenn sie sich sexuell erregt fühlen, schwellen die Schamlippen an und es tritt Vaginalsekret, die Lubrikation, aus. Diese Flüssigkeit ist etwas schleimig und klar. Beim Geschlechtsverkehr fungiert sie als ein Gleitmittel, damit Reibungen angenehm sind und keine Verletzungen entstehen. Es ist absolut okay, wenn diese Flüssigkeit austritt, aber es ist genauso okay, nur wenig Lubrikation zu haben.

Und so, wie manche gern ihren Penis reiben, bis sie ejakulieren, können andere ihre Vagina und den Bereich drum herum berühren. Das nennt man ebenfalls **MASTURBATION**. Die Flüssigkeiten, die aus der Vagina austreten, stammen entweder aus der Blase, der **SKENE-DRÜSE** (auch „weibliche Prostata" genannt) oder aus beiden zusammen. Manche Personen zugewiesen weiblichen Geschlechts ejakulieren, andere nicht. Beides ist komplett gesund und normal.

KAPITEL 4

Ganz schön haarig!

(Alles über Achsel-, Bein-, Gesichts- und Schambehaarung … und das Rasieren)

Haare, Haare, Knall auf Fall, plötzlich sind sie überall! So könnte es sich anfühlen, wenn mit einem Mal auf deinen Armen und Beinen, unter den Achseln, auf der Brust, im Gesicht und im Schambereich Haare anfangen zu sprießen, die so bislang nur auf deinem Kopf gewachsen sind! Wenn sie sogar auf deinen Füßen und Zehen erscheinen, bist du aber definitiv ein Hobbit aus dem *Herrn der Ringe*. Ha, nur ein Scherz! Auch das ist vollkommen normal!

Und jetzt eine Runde Spezialwissen! Vor der Pubertät hast du zwei Arten von Haaren: Die eine ist ein feiner, farbloser Flaum und wird **Vellushaar** genannt. Die andere ist dick, länger als das Vellushaar, ein bisschen stachelig und hat Farbpigmente. Das ist das **Terminalhaar**.

POP QUIZ

VELLUS ODER TERMINAL? WAS IST WAS?

Kopfhaar und Augenbrauen

Haare auf Ohrläppchen und Stirn

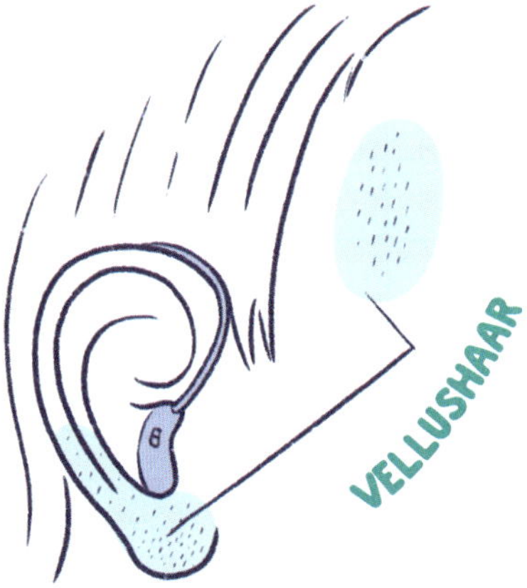

ANTWORT:

Kopfhaare und Augenbrauen sind Terminalhaare. Die Härchen auf Ohrläppchen und Stirn sind Vellushaare.

Mit Beginn der Pubertät fahren die Hormone Achterbahn und sorgen dafür, dass an einigen Stellen aus Vellushaar Terminalhaar wird, etwa auf den Armen und Beinen, unter den Achseln, im Gesicht und auf der Brust.

Und wenn wir schon beim Thema sind, lass uns über den Ort sprechen, an dem gerade die meisten Veränderungen passieren: den **Schambereich**, also dort, wo deine Genitalien sind. Bist du zugewiesen weiblichen Geschlechts, wird dein Schamhaar vermutlich oberhalb und rund um deine **VULVA**, dem äußerlich sichtbaren Teil deines Geschlechtsorgans, wachsen, kurz *nachdem* dein Brustwachstum einsetzt. Es kann aber auch schon vorher losgehen. (Mehr dazu in diesem Kapitel unter „Eeehm, ist das normal?".) Bist du zugewiesen männlichen Geschlechts, wird rund um deinen Penis und den Hodensack Schamhaar wachsen, sobald deren Wachstum beginnt.

Aber egal, welchen Geschlechts du bist, das Wachstum deines Schamhaars wird in ähnlichen Stadien ablaufen. Wie bei der Entwicklung der Brüste und von Penis und Hoden wurden auch für das Wachstum des Schamhaars fünf Tanner-Stadien definiert.

Vor der Pubertät wachsen rund um deine Genitalien und zwischen deinen Beinen Vellushaare. Während der Pubertät wird daraus Terminalhaar. Anfangs sind es nur einzelne, längere Haare. Später vermehren sie sich und werden dunkler. Ein unregelmäßiger Wuchs ist normal. Es dauert eine Weile, bis du durch alle fünf Stadien durch bist und das Terminalhaar um deine Genitalien dicht und oftmals gekräuselt wächst. Möglicherweise breitet es sich auch über deine Oberschenkel und bis zum Bauchnabel aus.

Bei Jugendlichen zugewiesen weiblichen Geschlechts wandelt sich das Vellushaar auf den Beinen und Unterarmen meist ein bis zwei Jahre nachdem das Wachstum der Schamhaare eingesetzt hat, in Terminalhaar um.

Wissenschaftler*innen haben einige Theorien dazu, warum das Schamhaar überhaupt wächst. Ein möglicher Grund für Achselhaar ist, dass Gerüche, die an diesen Stellen entstehen, darüber von der Haut weggeleitet werden. Bei Jugendlichen zugewiesen weiblichen Geschlechts verhindert das Schamhaar, dass Schmutzpartikel in die Vagina eindringen.

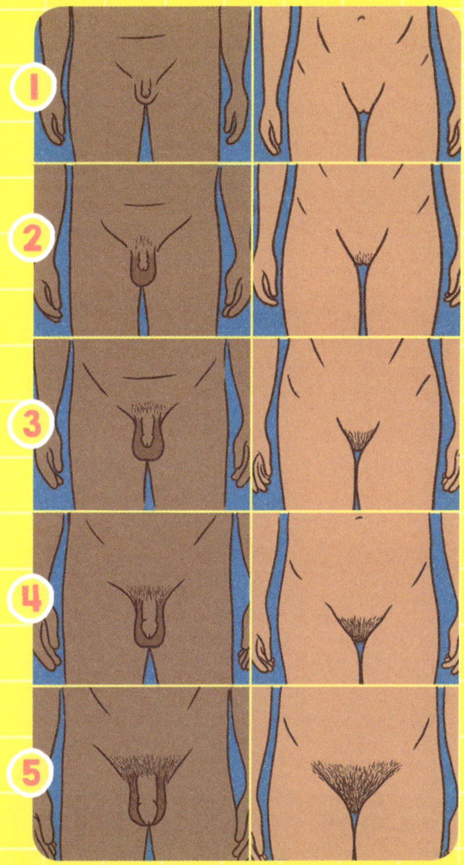

Vielleicht willst du das Haar unter deinen Achseln und an deinen Schenkeln schnell loswerden, aber merke dir zuvor eine sehr wichtige Sache: Manche wollen ihr Haar einfach überall wegmachen, andere nur an bestimmten Stellen und wieder andere kein Härchen missen. Sie alle liegen mit ihrer Wahl komplett richtig!

Jeder Mensch hat eine ganz eigene Sicht auf seine Haare und was damit geschehen soll. Sie alle können machen, was sie wollen.

Das entscheidet jede*r für sich! Du willst all deine Haare behalten? Sei haarig und glücklich! Solltest du ihnen *Hasta la vista* sagen wollen, wirst du gleich ein paar Methoden kennenlernen. Manchen transgender oder nicht-binären Menschen kann es beim Reflektieren ihrer Geschlechtsidentität helfen, ihre Haare zu entfernen oder wachsen zu lassen, je nachdem, welchen Gender-Ausdruck sie anstreben. Mehr dazu in Kapitel 9 „Ich bin, wer ich bin, und ich mag, wen ich mag (Alles über Gender-Ausdruck, Geschlechtsidentität und sexuelle Orientierung)".

Es gibt mehrere Wege, Körperhaar loszuwerden. Manche sind etwas gefährlich, denn sie könnten deine Haut verletzen und Wunden verursachen, wenn du nicht aufpasst. Vorab solltest du daher unbedingt mit einer erwachsenen Vertrauensperson darüber sprechen, welche Methode für dich am besten passt, und vielleicht auch um Hilfe bitten.

MOMENT MAL, IM ERNST JETZT?

Wachsen statt wachsen lassen ...

Wenn du zugewiesen männlichen Geschlechts bist und es für dich okay ist, dich unter den Armen zu rasieren, kann dir das helfen, den Achselgeruch auch ohne Deodorant oder Antitranspirant zu reduzieren. Eine Rasur kann den Schweißgeruch unter den Armen um bis zu zwei Tage länger in Schach halten als bloßes Waschen von Achseln und Achselhaar mit Seife. Auch eine Behandlung mit Haarwachs erzielt gute Effekte. Mehr über Schweiß und Deodorant erfährst du in Kapitel 8 „Müffelig und feucht (Alles über Schweiß)".

SO WIRST DU DEINE HAARE LOS

RASIEREN

Eine prima Methode, um viele Haare auf einmal loszuwerden, und eine der billigsten.

Schnapp dir, bevor du loslegst, ein Lineal oder einen Kamm. Drücke die schmale Seite des Kamms oder Lineals auf die Körperstelle, an der du dich rasieren möchtest. Zieh das Teil in einer Richtung mit Druck (aber nicht zuuu fest!) über die Stelle. Liegt das Haar glatt auf deiner Haut? Dann hast du MIT DEM STRICH „rasiert". Hat es sich aber aufgestellt und ist gut zu sehen, hast du GEGEN DEN STRICH rasiert. Eine saubere Rasur erzielst du *gegen den Strich*. Du kannst zwischen Hand- und Elektrorasierern wählen. Für die Nassrasur mit dem Handrasierer nutzt du am besten Rasierschaum oder -gel. Befeuchte den zu rasierenden Bereich mit Wasser und schäume ihn gut ein. Straffe deine Haut, drücke den Rasierer fest (aber wie gesagt nicht *zuuu* fest!) darauf und zieh ihn von dir weg oder zu dir hin (je nachdem, wo du beginnst und wie rum du den Rasierer hältst). Spüle ihn ab und ziehe noch einmal über die gleiche Stelle, um auch wirklich alle Härchen zu erwischen.

Hast du keinen Rasierschaum parat, dann schäume Seife auf. Aber! Rasierschaum oder -gel wirken feuchtigkeitsspendend, Seife trocknet eher aus. Trage daher im Anschluss eine Lotion an der rasierten Stelle auf. Wasser allein kann deine Haut extrem schnell austrocknen und das Risiko, dich zu schneiden, ist viel höher. Bei einem Elektrorasierer bleibt die Haut in der Regel trocken. Da die Schneiden verdeckt sind, musst du mehrfach über die gleiche Stelle gehen.

Rasierer gibt es in allen möglichen Ausführungen, „für Männer", „für Frauen", mit zwei, vier oder mehr Klingen. Aber natürlich sind Rasierer nicht geschlechtsspezifisch und funktionieren auf jeder Haut. Die Label „für Frauen" und „für Männer" kommen aus der Werbung und ihr Design soll eher die einen oder anderen ansprechen. (Lies dazu „Vor langer, langer Zeit" auf der übernächsten Seite!)

Nimm also, was du willst – Hauptsache, du reinigst die Klingen regelmäßig und erneuerst sie, sobald sie stumpf werden! Das merkst du daran, dass du statt ein- oder zweimal mehrfach über eine Stelle rasieren musst. Gib besonders gut acht, wenn du dich rund um deine Genitalien rasierst. Vorsicht und eine gute Hygiene lassen dich besser aussehen und sind auch für deine Haut eine echte Wohltat.

ZUPFEN UND ZIEHEN

Mit dieser Methode entfernt man mit einer Pinzette ausgewählte Haare an bestimmten Stellen, zum Beispiel ein verirrtes Augenbrauenhaar, ein Kinnhaar oder vielleicht eins auf der Brust. Natürlich könntest du auch Beinhaare oder Barthaare zupfen, aber das würde unendlich länger dauern als Rasieren oder Wachsen. Zupfen kann anfangs etwas wehtun, aber wenn du regelmäßig abzupfst, könnte die Stelle taub werden und nicht mehr so schmerzen.

WACHSEN

Hierbei wird heißes Wachs rasch auf der haarigen Stelle verteilt und mit einer Art Papier abgedeckt. Wenn das Wachs abgekühlt ist und fest an den Haaren klebt, wird es mit einem kräftigen Ruck heruntergerissen. Genau wie beim Zupfen zieht das Wachs die Haare mit der Wurzel heraus, allerdings viel mehr auf einmal. Und genau wie beim Zupfen ist es möglich, dass du vor Schmerzen unter der Decke hängst – und dich nach einiger Zeit daran gewöhnst.

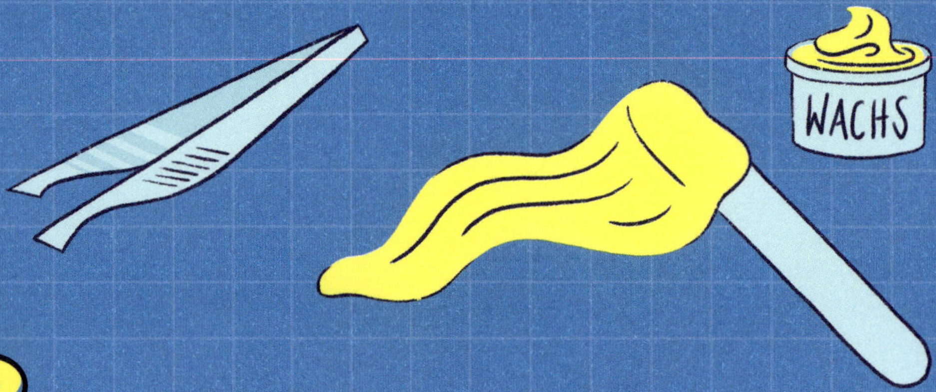

VOR LANGER, LANGER ZEIT

Der König der Nassrasur

KING C. GILLETTE – der zwar „König" hieß, aber gar kein echter war, obwohl er reich wie einer wurde – änderte die Sicht der Menschen auf Körperbehaarung und Rasieren komplett, als er 1901 den Einwegrasierer erfand. Zuvor rasierten sich nur Männer, und zwar meist beim „Barbier", der dann auch die Frisur trimmte. Für die Rasur nutzte man Messer mit langen, klappbaren Klingen, die an einem Ledergurt geschärft wurden. Mit Gillettes Einmalrasierer konnten Männer sich ohne gefährliches Messer daheim rasieren. Zugleich musste er ständig neu gekauft werden, was wohl ein Grund für Gillettes astronomischen Reichtum ist.

Die meisten Frauen rasierten sich vor 1920 nicht. Sie kleideten sich so, dass keine nackte Haut zu sehen war. Gillette sah darin eine Marktlücke und schaltete Anzeigen, die behaupteten, dass Haare „männlich" wirken und „unhygienisch" seien. 1915 führte er den ersten Einwegrasierer für Frauen ein. In den 1920er-Jahren änderte sich die Mode hin zu ärmellosen Kleidern und kurzen Röcken und damit entstand der Wunsch, die „männlichen" Körperhaare loszuwerden. Aber vergiss nicht: Dies war die Werbekampagne eines Unternehmens, um Produkte zu verkaufen. Wenn du der Meinung bist, dass dein Körperhaar maskulin sei, aber nicht so wirken möchtest, sprich mit einer Vertrauensperson. Wenn du nicht denkst, dass dein Körperhaar maskulin wirkt oder du genau so wirken möchtest, dann behalt es!

EEEHM, IST DAS NORMAL?

Stimmt es, dass das Haar nach einer Rasur dicker und kräftiger nachwächst?

Nope. Das ist ein völlig absurdes Gerücht! Beim Rasieren bleibt die Haarwurzel in der Haut, du entfernst nur den größten Teil des Haars an seiner Basis. So entsteht ein stumpfes Ende. Dies kann beim Nachwachsen breiter und kräftiger wirken, ist es aber nicht. Solltest du jedoch den Eindruck haben, dass sich Qualität und Quantität deines Körperhaars verändern, dann suche eine Arztpraxis auf, um zu klären, ob alles in Ordnung ist.

Ich habe blondes Haar, aber mein Schamhaar ist dunkel. Ist das normal?

Absolut! Manchmal sind die Farbpigmente deines Kopfhaars anders als jene in deinen Achsel- oder Schamhaaren. Manchmal haben sogar Bart- und Kopfhaare unterschiedliche Farben. Das ist alles völlig normal und eines der wunderbaren und verrückten Rätsel der Natur!

Bei mir kamen schon Schamhaare, bevor meine Brust zu wachsen begann. Sollte das nicht umgekehrt sein?

Tatsächlich kommen bei rund 10 Prozent der Jugendlichen zugewiesen weiblichen Geschlechts zuerst die Schamhaare. Obwohl viele

Veränderungen in der Pubertät einem allgemeinen Fahrplan folgen, gibt es immer wieder Ausnahmen – und das ist völlig normal.

EINFACH MEGA!

Viele Leute ziehen regelrecht Kraft aus ihren Haaren, während sich andere lieber davon verabschieden. Es ist einfach großartig, dass du für dich entscheiden kannst, was am besten zu dir passt!

KAPITEL 5

Moment mal, da wächst auch was?

(Alles über die Stimme)

Es scheint total verrückt, aber die Körperteile, die deine Stimme erzeugen, wachsen und darum „wächst" auch deine Stimme!

In deinem Hals, direkt über der Luftröhre, sitzt der Kehlkopf, auch **LARYNX** genannt. Deine Stimmbänder sind über den Kehlkopf gespannte Muskeln. Während der Pubertät wächst der Kehlkopf und die Stimmbänder werden länger und dicker. Bereit für weitere Merkwürdigkeiten? Auch andere Teile in deinem Kopf wachsen und verändern sich, etwa deine Gesichtsknochen. Es entstehen Hohlräume, beispielsweise im Rachen und in den Stirn- und Nebenhöhlen hinter der Nase, weshalb deine Stimme mehr Raum zum Schwingen hat, voller wirkt und Resonanz bekommt.

Stell dir vor, du stehst in einer Höhle und rufst laut: „Ich bin mitten in der Pubertät!" Deine Stimme würde sich in allen Ecken und Winkeln brechen und ein Echo ertönen lassen. Überleg dir jetzt mal, dass das doppelt passiert: Um überhaupt einen Laut zu erzeugen, ist da erst eine Resonanz in deinem Gesicht und dann eine zweite durch das Höhlenecho. Also ist das Innere deines Schädels auch irgendwie eine Höhle.

Bist du zugewiesen männlichen Geschlechts, wird dein Kehlkopf noch größer und stellt sich in einen neuen Winkel. So wölbt er sich als **ADAMSAPFEL** deutlich an deinem Hals hervor. Bist du zugewiesen weiblichen Geschlechts, wächst dein Kehlkopf in einem weiteren Winkel. Der männliche Kehlkopf wächst in einem Winkel von 90°, der weibliche nimmt etwa 120° ein. Diese 30° extra verhindern, dass der weibliche Kehlkopf so stark hervortritt. (Daher auch Adamsapfel und nicht Adams-und-Evasapfel!)

Bist du zugewiesen männlichen Geschlechts, wird der Klang deiner Stimme in der Regel feststehen, wenn dein Körper ausgewachsen und das Haar unter deinen Achseln voll ist. Bist du zugewiesen weiblichen Geschlechts, kann sich deine Stimme bis zu deinem 18. Lebensjahr verändern. (Also ungefähr dann, wenn so ziemlich alles rund um die Pubertät vorbei ist und du erleichtert aufatmen kannst.)

Hier noch alles, was deine Stimme *nicht* über dich aussagt:

- **IRGENDWAS DARÜBER, WEN DU MAGST ODER NICHT:** Klang und Höhe deiner Stimme haben rein gar nichts damit zu tun, in wen du dich verknallst. Sie sagen nichts darüber aus, mit wem du einmal ausgehen willst.

- **DASS ETWAS IN DIR KAPUTTGEHT:** Der Stimmwechsel wird zwar als „Stimmbruch" bezeichnet, aber deshalb geht nichts in dir kaputt. Zwischendurch kann deine Stimme mal brüchig klingen, aber das ist nur ein Schritt hin zu der tieferen Tonlage und geht vorbei.

EINFACH MEGA!

Deine Stimme wird sich weiter verändern. Wenn du zugewiesen männlichen Geschlechts bist, kann sie im Alter wieder heller werden. Bist du zugewiesen weiblichen Geschlechts, ist es genau umgekehrt. Dann wird sie entweder etwas tiefer oder bleibt unverändert.

BOLIVIEN

WAS GEHT AB … IN BOLIVIEN?

Hammerharter Stimmbruch

Die Tsimané sind ein südamerikanisches indigenes Jäger-und-Sammler-Volk und leben im Amazonas-Regenwald in Bolivien. Die jungen Tsimané kommen etwa ein Jahr später in den Stimmbruch als westeuropäische Jugendliche. Grund für diese Verspätung ist vermutlich, dass Tsimané-Kinder ganz andere Lebenserfahrungen im Laufe ihrer Kindheit machen – nämlich sehr viel stressigere! Sie müssen meist schon früh sehr viel härter arbeiten und erkranken häufiger an Parasitenbefällen, Lungen- und Magen-Darm-Infektionen sowie Blutarmut. Ihre ganze Kindheit lang kämpfen sie also buchstäblich ums Überleben und dieser ganze Stress führt dazu, dass die Pubertät bei den Tsimané später einsetzt. Irre, was Stress alles bewirken kann, oder?

MOMENT MAL, IM ERNST JETZT?

Leb wohl, Vater

Ist ein Vater in der Zeit, in der sein Sohn zwischen elf und 16 Jahre alt ist, abwesend, setzt dessen Stimmbruch eventuell etwas später ein. Möglicherweise ist für Jugendliche zugewiesen männlichen Geschlechts der Verlust des Vaters so stressig, dass er Einfluss auf die Hormone hat und die ganze Pubertät verzögert. Etwa so wie bei den Tsimané in Bolivien. Aber irgendwann setzt sie bei allen ein. Lass dich also von einer stressbedingten Verzögerung nicht noch mehr stressen!

EEEHM, IST DAS NORMAL?

Kann ich meine Stimme verändern, damit ich beliebter werde?

Bitte, lass das! Zwar zeigen Forschungen, dass Menschen ihre Stimme so verändern können, dass sie vermeintlich „intelligenter" klingt, aber viel besser ist, selbstbewusst mit deiner natürlichen Stimme umzugehen! Lerne in Kapitel 13 „Ich bin okay, wie ich bin (Alles über Selbstbewusstsein)", wie das gelingen kann. Wenn du zugewiesen männlichen Geschlechts bist, aber femininer klingen willst, damit *du* dich wohlfühlst, kann dir eine Stimmtherapie helfen. Suche doch mal „feminine Stimme bekommen" im Internet.

KAPITEL 6

Du wirst eher nicht in den Himmel wachsen

(Alles über das Knochenwachstum)

Während der Pubertät beschleunigt sich dein Knochenwachstum im Vergleich zu vorher auf Lichtgeschwindigkeit. Stell dir vor, du würdest einen Film schauen. Plötzlich kommst du gleich fünfmal auf die Vorspultaste! Jetzt rast der Film so schnell voran, dass du kaum noch mitkommst. In etwa das geschieht in der Pubertät mit deinem Knochenwachstum. Dieses erhöhte Tempo wird **WACHSTUMSSCHUB** genannt.

Während der Schub bei allen anders verläuft, erstreckt er sich durchschnittlich über einen Zeitraum von etwa zwei Jahren. Die meisten Jugendlichen zugewiesen weiblichen Geschlechts wachsen zwischen fünf und 25 Zentimeter mit einem Schuss von bis zu neun Zentimetern am Höhepunkt des Wachstumsschubs. Jugendliche zugewiesen männlichen Geschlechts schießen zwischen zehn und 31 Zentimeter in die Höhe und können jährlich zwischen sieben und zwölf Zentimeter zulegen. Wenn dir also deine Uroma, die dich schon ewig nicht mehr gesehen hat, in die Wange kneift und sagt: „WAS BIST DU GROSS GEWOR'N!", dann deshalb, weil sie nur die große Veränderung sieht und nicht die vielen Millimeter, die du Tag für Tag wächst. (Dass dein Körper im Laufe eines Jahres einige Zentimeter wächst, mag das Vorspul-Beispiel oben übertrieben klingen lassen, doch dein Wachstum läuft tatsächlich fünfmal schneller ab. Vielleicht ist dieser Vergleich besser: Dein Knochenwachstum ist wie eine Schnecke, die anfängt, sich im Tempo einer Schildkröte zu bewegen.)

Jugendliche zugewiesen weiblichen Geschlechts starten etwa sechs Monate nach der Menarche mit dem Wachstumsschub und erreichen mit etwa 14 bis 15 Jahren ihre Erwachsenengröße. Jene zugewiesen männlichen Geschlechts beginnen circa zwei Jahre nach dem Eintritt in die Pubertät (typisches Zeichen dafür ist das Wachstum der Genitalien) und stoppen etwa zwischen dem 17. und 19. Lebensjahr. Gehe in eine Arztpraxis, wenn du befürchtest, dass du zu langsam oder zu schnell wächst.

SINGAPUR

WAS GEHT AB … IN SINGAPUR?

Der frühe Vogel braucht eine Brille

Wusstest du, dass sich die Geschwindigkeit deines Knochenwachstums auf dein Sehvermögen auswirken kann? Rund zwei Drittel aller Tweens in Singapur sind kurzsichtig und ein Drittel entwickelt eine Kurzsichtigkeit im Laufe der Pubertät. Singapurs Kinder, deren Wachstumsschub früh einsetzt, werden mit höherer Wahrscheinlichkeit in jungen Jahren kurzsichtig. Interessant ist, dass andere Veränderungen in der Pubertät keine Auswirkungen auf eine mögliche Kurzsichtigkeit haben.

So ein Wachstumsschub kann ganz schön komplex sein. Wie fast immer in der Pubertät sind dafür vor allem Hormone verantwortlich. (Roll jetzt mal mit den Augen und murmele: „Danke, Hormone!")

Aber auch wenn die Hormone ganz schön außer Kontrolle sind, gibt es ein paar einfache Wege, wie du deinem Körper helfen kannst, kräftige Knochen aufzubauen.

BEWEGUNG: Sicher, dass du dich jeden Tag ausreichend bewegst? Rennst du so viel, dass dein T-Shirt durchschwitzt ist? Rast du so flink mit deinem Rad, dass du einige Augenblicke brauchst, um zu Atem zu kommen? Spielst du mindestens 40 Minuten lang Fußball in einer Mannschaft oder mit deinen Freund*innen?
Lautet deine Antwort auf alle oder manche dieser Fragen *Ja,* dann hilfst du deinem Körper, kräftige Knochen aufzubauen, weil sich die Knochenmasse durch die Bewegung verdichten kann.

ERNÄHRUNG: Proteine, Calcium und Vitamin D spielen eine wichtige Rolle beim Knochenaufbau. In Kapitel 11 „Du bist, was du isst … und was du nicht isst (Alles über Ernährung)" lernst du alles über diese wichtigen Nahrungsbestandteile in deiner Ernährung. Jetzt solltest du erst einmal wissen, dass es deiner Knochenbildung und Knochenmasse hilft, wenn du von diesen dreien genug zu dir nimmst.

EINFACH MEGA!
Nur als Baby bist du so schnell gewachsen wie jetzt und höchstwahrscheinlich wird das in diesem Tempo auch nie wieder passieren!

VOR LANGER, LANGER ZEIT

Über kurz ... oder lang ...

Über viele, viele, viele Jahrhunderte – 18, um genau zu sein – wurde die Körpergröße von Menschen nachverfolgt, wobei überraschende Dinge herauskamen. Zieht man etwa den Vergleich vom 1. bis zum 18. Jahrhundert, waren die Menschen im 6. am größten. Frauen maßen durchschnittlich 162,5 Zentimeter, Männer 170,2 Zentimeter. Frauen waren im 2. Jahrhundert mit etwa 157,5 Zentimetern am kleinsten und Männer im 13. und 17. Jahrhundert mit rund 167,6 Zentimetern. Was diese Differenzen auslöst? Infektionskrankheiten! Möglicherweise kamen neue Krankheiten aus Asien und Persien nach Europa, mit denen die Menschen dort nicht klarkamen.

EEEHM, IST DAS NORMAL?

Meine leiblichen Eltern sind klein. Werde also auch ich klein bleiben?

Auch wenn es Ausnahmen gibt, ist deine Körpergröße normalerweise eine Kombination aus jenen deiner leiblichen Eltern. Sind also beide groß, ist es recht wahrscheinlich, dass auch du groß wirst, und wenn sie eher klein sind, wirst auch du wohl eher kürzer bleiben. Aber das muss nicht sein! Wenn deine leiblichen Eltern unterschiedliche Größen haben, kannst du groß oder klein sein oder irgendwo in der Mitte landen. Also, wer weiß? Viel Glück!

Ich hab das Gefühl, ständig gegen Sachen zu stoßen. Bilde ich mir das nur ein?

Vermutlich nicht. Deine Arme und Beine wachsen nicht unbedingt gleich schnell. Deshalb fühlst du dich womöglich etwas tollpatschiger, wenn du dich nach etwas streckst und das plötzlich viel näher ist als zuvor. Aber hey, andersherum wäre es blöder.

Seitdem ich wachse, habe ich tierische Schmerzen in meinem Knie. Muss ich mir Sorgen machen?

Wann immer sich in deinem Leben etwas verändert, das dir Sorgen bereitet, und ganz besonders, wenn du Schmerzen hast, solltest du

dir ärztliche Hilfe holen. In diesem Fall könnte es sich um **MORBUS OSGOOD-SCHLATTER** handeln, eine schmerzhafte Reizung am Ansatz der Kniescheibensehne. Wenn du zugewiesen männlichen Geschlechts zwischen zwölf und 14 Jahren oder zugewiesen weiblichen Geschlechts zwischen zehn und 13 Jahren und Mitglied eines Fußball- oder Basketballteams bist oder einen anderen Sport treibst, bei dem du viel rennst, kann diese Krankheit Ursache für deine Schmerzen sein. (Rund die Hälfte der Jugendlichen, die diese Krankheit bekommen, sind Athlet*innen.) Aber egal was es ist, gehe, wenn du Schmerzen hast, zu einer*m Ärzt*in. Eine professionelle Untersuchung kann der Sache auf den Grund gehen.

KAPITEL 7

Pickel und Pusteln

(Alles über Akne)

Akne kann dich in der Pubertät auf etliche Arten ereilen. Große rote Flecken können deine Haut wie ein wüstes Lavafeld aussehen lassen. Oder es erscheinen kleine schwarze Punkte auf den Wangen und der Nase, als hätte jemand dich mit Filzstift angemalt. Insgesamt gibt es über 50 verschiedene Formen von Akne! Egal, welche dich plagt: Mit zu 99,9-prozentiger Sicherheit bist du kein Fan davon. Umso wichtiger ist, dass du dich mit der Thematik beschäftigst! In deiner Haut liegen **TALGDRÜSEN**, die eine ölige Substanz produzieren und deine Haut und deine Haare wasserabweisend, glatt und geschmeidig halten. Während der Pubertät machen diese Drüsen durch den Anstieg von **Sexualhormonen** Überstunden. Vor allem das Hormon **Testosteron** spielt dabei eine wichtige Rolle. „Testosteron" leitet sich von dem lateinischen Wort „testis" ab, was übersetzt „Hoden" bedeutet. Hier wird es in zugewiesen männlichen Körpern produziert. Testosteron als „männliches" und **Östrogen** als „weibliches" Hormon zu bezeichnen, ist aber falsch! Beide kommen in unterschiedlicher Konzentration und Wirkungsweise in allen Körpern vor.

Die ölige Substanz, der **Talg**, verbindet sich mit abgestorbenen Hautzellen und verstopft die winzigen **Poren** in deiner Haut. Das Ergebnis? **MITESSER**. An der Oberfläche färben sie sich schwarz, weil sie mit Sauerstoff reagieren und oxidieren. Liegt der Pfropf unter der Hautoberfläche, bildet sich ein **EITERPICKEL**, auch Pustel genannt, und wenn er noch tiefer in der Haut liegt und verhornt, Akne.

Wusstest du, dass ein Thermometer und Akne etwas gemeinsam haben? Grade! Wobei Akne von denen zum Glück nur vier hat!

DIE VIER AKNE-SCHWEREGRADE

GRAD I: Du hast Mitesser, aber kaum oder keine roten Stellen oder Entzündungen.

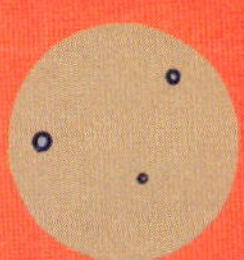

GRAD II: Du hast Mitesser und Eiterpickel und/oder kleine Verdickungen unter der Haut, auch **PAPELN** genannt, allerdings *nur* im Gesicht. Es ist, als würde dein Opa Suppe kochen: ein bisschen dies, ein bisschen das, von allem etwas. Und du hast nichts zu befürchten, solange du nichts aufkratzt oder ausdrückst. Weißt du schon, dass du deine Pickel nicht aufkratzen oder ausdrücken solltest? Nein? Also dann: LASS ES! Es bringt nichts! Du willst den Pickel schnell loswerden, denn … na ja, es ist ein PICKEL. Aber lies mal „Eeehm, ist das normal?" in diesem Kapitel, um zu verstehen, warum Pickelausdrücken nur eine Gerade-schien-sie-noch-brillant-zu-sein-Idee ist.

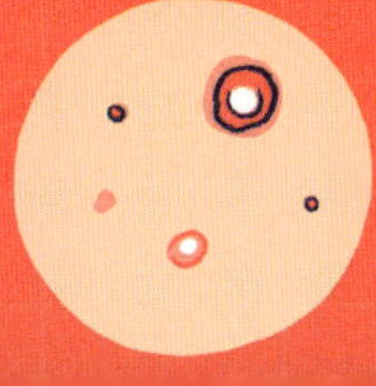

GRAD III & IV: Diese Grade sind ernst zu nehmen. Die Haut ist übersät von Pickeln, Papeln und Entzündungen, quasi eine „Pizza mit allem". Neben deinem Gesicht können auch dein Hals, deine Brust und der Rücken betroffen sein.

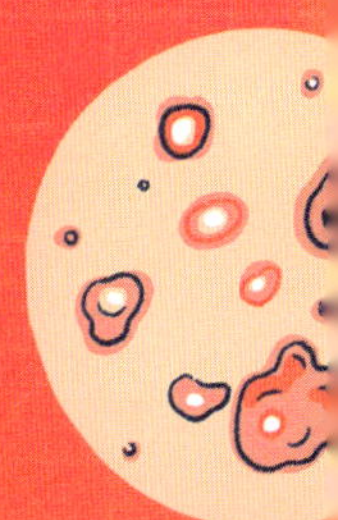

Wenn Akne nicht richtig behandelt wird, können Narben zurückbleiben. Sollten dir bei einem Grad I oder II Produkte aus Drogerie und Apotheke nicht helfen, dann hole dir ärztlichen Rat. (Lies mehr dazu in „Eeehm, ist das normal?".) Bei einem Akne-Grad III oder IV solltest du sowieso zu einer*m **Hautärzt*in** gehen (auch Dermatolog*in genannt), denn dann braucht deine Haut definitiv etwas anderes als die Mittel aus dem Handel.

PARAGUAY

WAS GEHT AB ... IN PAPUA-NEUGUINEA UND PARAGUAY?

PAPUA-NEUGUINEA

Keine Akne? Kein Problem!

Während rund 80 Prozent der US-amerikanischen Jugendlichen eine Form von Akne bekommen, ist das nicht überall auf der Welt ein Problem. Zwei Volksgruppen – die Kitava auf der Insel Kitava in Papua-Neuguinea und die Aché aus Paraguay – kennen keine Akne. Ein Arzt hat alle jugendlichen Kitava ab zehn Jahren untersucht und keinerlei Formen feststellen können. Auch jugendliche Aché wurden untersucht und es wurde keine Akne gefunden. Der Grund für die pickelfreien Poren? Ernährung! Beide Gruppen konsumieren vollwertige Kost wie Fisch, Erdnüsse und Kokosnüsse, aber keine verarbeiteten Lebensmittel wie Weißbrot, Wurst und Chips, die eine große Auswirkung auf den Blutzuckerspiegel und auch Pickel haben.

EINFACH MEGA!

Nope. Was jetzt kommt, ist kein bisschen mega, also lass es uns schnell hinter uns bringen.

Wissenschaftliche Untersuchungen haben ergeben, dass Kinder, Jugendliche *und* Erwachsene eine schlechte Sicht auf Tweens und Teens mit Akne haben. Das sind die Ergebnisse einer Studie, in der Teens und Erwachsenen Fotos von Leuten mit Akne gezeigt wurden:

	TEENS	ERWACHSENE
schüchtern	39%	43%
nerdy	31%	21%
gestresst	24%	20%
einsam	23%	22%

Weißt du, was sie außerdem rausgefunden haben? Dass 64 Prozent der Jugendlichen ihre Akne peinlich ist und mehr als die Hälfte sie für das Schlimmste an der ganzen Pubertät halten.

Solltest du dich dazuzählen, dann merk dir: Du bist nicht allein! Es gibt Möglichkeiten, wie du dich besser fühlen kannst, und sie haben alle mit Selbstbewusstsein zu tun. Erfahre in Kapitel 13 „Ich bin okay, wie ich bin (Alles über Selbstbewusstsein)", wie du dich selbst mit einem dermatologischen Super-GAU im Gesicht einfach großartig fühlen kannst!

EEEHM, IST DAS NORMAL?

Gibt es anderes Zeug außer Hormonen, das Akne beeinflussen kann?

Und ob! Jede Menge! Hier nur einiges davon:

ERBGUT – heißt, dass die Veranlagung zu Akne mit den Genen von einer Generation zur nächsten übertragen wird. (Ein herzliches Dankeschön, leibliche Eltern, Großeltern, Urgroßeltern und sonstige Eltern!)

ERNÄHRUNG – hat, wie du in „Was geht ab … in Papua-Neuguinea und Paraguay?" gelesen hast, Einfluss auf deine Haut. Wenn du das testen möchtest, führe ein Ernährungs-und-Hautbild-Tagebuch. Notiere, was du isst und trinkst und wie deine Haut am nächsten Tag aussieht. Nimm das Buch beim nächsten Hautarztbesuch mit. Vielleicht hilft das dabei, deine Hautprobleme zu lösen.

HAARE – die fetten und dein Gesicht berühren, können die Poren mit überschüssigem Fett verstopfen. Wasche sie regelmäßig, aber übertreib es nicht!

GEFÜHLE – Angst, Ärger, Traurigkeit oder alles, was deinen Körper so stresst, dass es einen Pickelausbruch auslösen kann.

ORT und JAHRESZEIT – besonders im Sommer können Hitze und Feuchtigkeit Ausbrüche verschlimmern, weil du nun viel mehr schwitzt.

KOSMETIK- UND PFLEGEPRODUKTE – manche Kosmetika und Pflegelotionen verstopfen die Poren. Wenn dir herkömmliche Produkte Probleme bereiten, wähle ölfreie, wasserbasierte Angebote.

RAUCHEN – ist für deinen ganzen Körper schlecht, auch für deine Haut.

Ich habe lauter Eiterpickel. Die kann ich einfach ausdrücken, oder?

Tu das bloß nicht! Lass das Ding in Frieden und lies stattdessen das hier. Wenn du einen Pickel ausdrückst, wird die ganze Sache nur viel, viel ekliger! (Und das nicht nur, weil dir bakteriengefüllter Eiter an Gesicht und Fingern klebt! Würg.)

Quetschst du an einem Pickel rum, drückst du die Bakterien und abgestorbenen Hautzellen im Eiter tiefer in die Haut. Das kann gar nicht gut enden. Die Stelle wird rot, schwillt an und blutet womöglich. Ein Abszess (also eine Eiteransammlung durch eine Entzündung) kann entstehen, vernarben und für Monate oder – und das ist nicht übertrieben – für immer zu sehen sein. Zum Glück gibt es bessere Methoden!

Wasche dein Gesicht ein- bis zweimal täglich mit sauberen Händen, Seife und klarem Wasser. Sollte zweimaliges Waschen deine Haut austrocknen, mach's nur einmal. Wenn du dich allerdings morgens wäschst und abends wieder einen Fettfilm auf deiner Haut spürst (oder umgekehrt), erhöhe auf zweimal.

Benutze parfümfreie Seife, denn die Zusatzstoffe können deine Haut reizen. Du kannst auch im Handel ein Waschgel „für unreine Haut" oder „für zu Akne neigender Haut" erwerben. Lass dir bei heftigerer Akne ärztlich eine Salbe mit Benzoylperoxid verschreiben. Dieser Wirkstoff hat oft zunächst ein „Aufblühen" zur Folge, doch dann tötet er die Bakterien und die Entzündungen klingen ab.

Im Handel findest du neben Seifen und Waschgels viele weitere

Produkte wie Gesichtswasser, Reinigungstücher und mehr. Aber denk immer daran: Viel hilft nicht immer viel.

Egal, welches Produkt du anwendest, keines funktioniert über Nacht. Die meisten müssen sechs bis acht Wochen lang konsequent angewendet werden, bevor sie einen Effekt zeigen. Wenn sie nichts nützen, suche deine*n Dermatolog*in auf und besprich mit ihr*ihm, wie ihr den Kampf gegen deine Akne aufnehmt. Doch selbst eine ärztlich verschriebene Salbe braucht Zeit, um wirken zu können.

MOMENT MAL, IM ERNST JETZT?

Milch macht müde Pickel munter

Trinkst du gerade eine Packung Milch, während du dies liest? DANN SCHMEIß SIE SOFORT AN DIE WAND! (Wobei … stell sie doch lieber auf den Tisch.) Forschungen haben einen Zusammenhang zwischen Akne und dem Konsum von fettreduzierter Kuhmilch bei Jugendlichen gefunden. Deshalb musst du nicht komplett auf Milchprodukte verzichten. Achte einfach darauf, dass sie Teil einer ausgewogenen Ernährung sind. Mehr dazu in Kapitel 11 „Du bist, was du isst … und was du nicht isst (Alles über Ernährung)".

KAPITEL 8

Müffelig und feucht

(Alles über Schweiß)

Ist dir schon dieser etwas strenge Geruch aufgefallen, der dich auf Schritt und Tritt verfolgt? Tut mir leid, dir das sagen zu müssen, aber … vermutlich bist du es! Du riechst. Du verbreitest Körpergeruch. Hey, bleib ganz locker! Wie dir geht es allen anderen auch. Alle haben einen ganz eigenen Duft.

Erinnerst du dich daran, dass in der Pubertät Hormone so ziemlich an allem schuld sind? Das ist bei Schweiß nicht anders! Wenn die Pubertät losgeht und die Hormone Achterbahn fahren, werden Hautdrüsen angeregt. Für die Schweißproduktion sind da zwei zu nennen: die ekkrinen und die apokrinen Schweißdrüsen.

Die **EKKRINEN SCHWEIßDRÜSEN** befinden sich überall am ganzen Körper. Über sie verdunstet der Körper Wasser, wenn er erhitzt ist, sodass ein Kühleffekt eintritt.

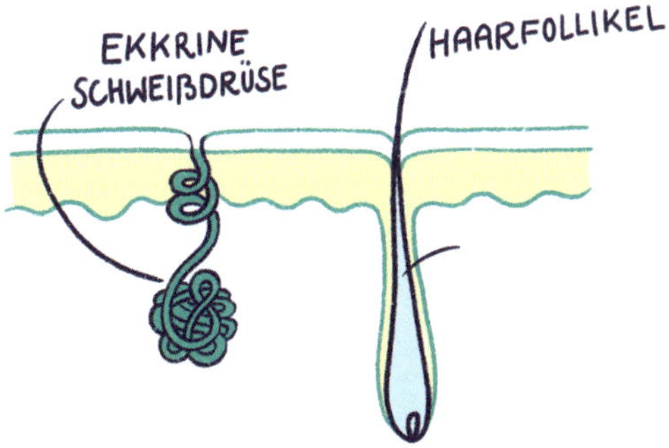

Stell dir vor, du rennst beim Fußball die fünfte Runde um den Fußballplatz und die

Sonne ist so heiß, dann musst du einfach schwitzen. Wirklich, du musst! Über den Schweiß reguliert dein Körper seinen Wärmehaushalt und hält deine Temperatur in Schach.

Die **APOKRINEN SCHWEIßDRÜSEN**, auch „Duftdrüsen" genannt, sind die wahren Stinker! Sie sind an einen Haarfollikel gebunden und kommen nur in gewissen Körperregionen vor, zum Beispiel der Achsel oder der Leiste. Wenn du gestresst bist, sondern sie ein milchiges Sekret (buärk!) ab.

Du rennst also diese fünfte Runde, da ruft dir jemand laut „Nette Unterhose!" zu und alle lachen. Ob du etwa ein Loch in der Hose hast? Du drehst dich um dich selbst, ohne eines zu entdecken, und dir dämmert, dass es sich wohl an deinem Hintern befinden muss, und du wirst echt nervös. Dann legt die apokrine Drüse noch einen drauf und kreischt: „Hey, das kann ich noch schlimmer machen! Ich kann so toll stinken." Lustigerweise ist das milchige Sekret (doppel-buärk!) eigentlich geruchlos. Erst in Verbindung mit Hautbakterien entsteht der beste Stinke-Cocktail (mega-buärk!).

EINFACH MEGA!

Hast du den Teil über diese Wahnsinnswärmeregulationsfunktion gelesen, die sich selbst anschmeißt, sobald dein Körper überhitzt? Nein? Dann tu das jetzt, denn das ist wirklich mega. Und lies dann auf der nächsten Seite alles über die Evolution der Schweißdrüsen.

VOR LANGER, LANGER ZEIT

Oooh, Baby, Baby!

Normalerweise wird in dieser Rubrik von Sachen erzählt, die vor langer, langer Zeit passiert sind, also so 200 vor Christi oder im 6. Jahrhundert. Aber dieses Mal geht es um etwas Erstaunliches, das vor langer, langer Zeit bei dir passiert ist, nämlich als du noch ein Fötus warst. Laut einer Studie aus dem Jahr 1990 (was für dich vermutlich auch schon lange her ist) hattest du, als deine leibliche Mutter mit dir im fünften Monat schwanger war, überall am Körper apokrine Schweißdrüsen! Und dann, wenige Wochen später, puff!, waren sie nur noch da, wo sie auch jetzt sind, zum Beispiel unter deinen Achseln. Du hast diese Duftdrüsen also schon, seit es dich gibt, aber erst jetzt in der Pubertät beginnen sie, wegen dieser nervigen Hormone so richtig aufzudrehen.

EEEHM, IST DAS NORMAL?

Und wie werde ich diesen fiesen Geruch jetzt los?

Es gibt mehrere Wege, wie du den Gestank verduften lassen kannst.

Der erste und wichtigste: Jeden Tag gründlich mit Wasser und Seife waschen. Damit wirst du die Bakterien los, die, wie du jetzt weißt, den Gestank verursachen. (Puh, du kannst die Wäscheklammer von der Nase nehmen!)

Besonders wichtig ist, Achseln, Genitalien, Po und Füße zu reinigen, da sie den meisten Mief verbreiten. Keine Bange, das gilt für alle!

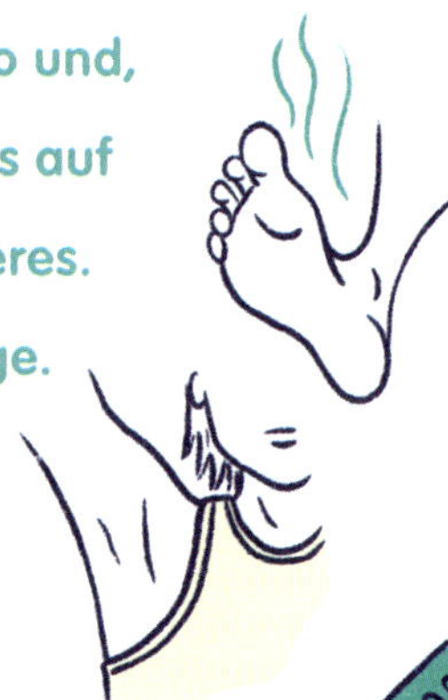

Ebenfalls regelmäßig solltest du deine Haare mit Shampoo und, wenn du willst, einer Spülung waschen, mit besonderem Fokus auf deine Kopfhaut. „Regelmäßig" bedeutet für jeden etwas anderes. Manche waschen ihre Haare täglich, andere nur alle paar Tage. Tu, was für dich richtig ist, so, dass dein Haar nicht zu fettig wird.

Trage keine schmutzigen Klamotten, denn darin bleiben abgestorbene Hautzellen und Bakterien hängen, die gründlich rausgewaschen werden müssen, wenn sie keine Müffel-Party in deinem Zimmer schmeißen sollen. Mit schmutziger Kleidung fügst du den Stinkebakterien auf deinem Körper noch eine Extraportion Schmutz hinzu.

Manchmal kann auch das Haar auf deinem Körper eine Geruchsquelle sein, dann kann eine Dusche Abhilfe schaffen. In Kapitel 4 „Ganz schön haarig! (Alles über Achsel-, Bein-, Gesichts- und Schambehaarung … und das Rasieren)" erfährst du, wie du es komplett loswerden kannst.

Okay, so werde ich den Geruch also los. Aber wie kann ich verhindern, dass er überhaupt entsteht?

Um den Körperduft bestmöglich in Schach zu halten, kannst du ein Deodorant, ein Antitranspirant oder eine Kombi aus beiden probieren.

DEODORANT ist eine Flüssigkeit oder Creme, die du auf deinen Körper (meist die Achselhöhlen) aufträgst, um Gerüche zu überdecken. Es gibt viele Arten von Deos mit unterschiedlichen Düften und Inhaltsstoffen. Such dir aus, was dir am besten gefällt. Aber besser keins, das so gut duftet, dass du ständig mit der Nase unter deiner Achsel hängst.

Ein **ANTITRANSPIRANT** ist ebenfalls eine Flüssigkeit oder Creme, die auf deinen Körper (wieder vor allem unter den Achseln) aufgetragen die Schweißbildung reduziert. Der aktive Wirkstoff in Antitranspirants sind meistens Aluminiumsalze, die in Verbindung mit Feuchtigkeit eine Art Gel bilden. Dies verstopft die Schweißdrüsen, sodass nichts austreten kann, und entzieht den Stinkebakterien die Nahrung. Die Wärmeregulation läuft ungehindert über die geruchlosen Poren weiter.

Produkte mit beiden Eigenschaften verdoppeln den Effekt. Auch sie gibt es in diversen Varianten – als Stick, Zerstäuber, Spray und mit recycelbaren Verpackungen.

Aber wie bei allem, was du gerade kennenlernst, nutzen nicht alle solche Produkte. Manche Leute brauchen keins, andere wollen keins oder meinen, keins zu brauchen. Das ist okay – mach auch du es so, wie du möchtest!

MOMENT MAL, IM ERNST JETZT?

Angstschweiß!

Eine Studie hat ergeben, dass Kinder zugewiesen weiblichen Geschlechts bereits vor der Pubertät ihre apokrinen Schweißdrüsen aktivieren können, wenn auch nicht bewusst. Mädchen zwischen neun und 13 Jahren (die noch keine Periode hatten) können vor Angst ins Schwitzen kommen, wenn sie durch ein lautes Geräusch erschreckt werden. Wenn du das mal bei einer Freundin, die noch nicht in der Pubertät ist (und dir nicht ewig böse sein wird), testen willst, dann schnapp dir ein Halloweenkostüm, versteck dich in einer Ecke und spring laut schreiend heraus, wenn sie es am wenigsten erwartet. Vielleicht solltest du trotzdem annehmen, dass sie eine Weile auf dich sauer ist – zumindest so lange, bis ihr Angstschweiß getrocknet ist.

TEIL 2

ANNÄHERUNG AUF DER GANZ(HEITLICH)EN LINIE

KAPITEL 9

Ich bin, wer ich bin, und ich mag, wen ich mag

(Alles über Gender-Ausdruck, Geschlechtsidentität und sexuelle Orientierung)

Bevor wir anfangen, über alle möglichen Formen von Gender-Ausdruck, Geschlechtsidentität und sexueller Orientierung zu reden, sind hier einige wichtige Wörter, die du dir merken solltest. Das erste ist *möglich*. *Möglich* bedeutet, dass etwas potenziell passieren kann. Nur weil es passieren kann, heißt das nicht, dass es das auch muss. Unglaublich viel ist möglich, wenn es um Gender-Ausdruck, Geschlechtsidentität und sexuelle Orientierung geht. Es ist *möglich*, dass du dich mit vielem identifizieren wirst, und es ist *möglich*, dass du das nicht tust.

Die beiden anderen Worte, die du dir merken solltest, sind *Verständnis* und *Akzeptanz*. Wenn du *verstehst*, dass es Menschen gibt, die anders fühlen oder sich anders identifizieren als du, und du sie so, wie sie sind, *akzeptierst*, hilfst du allen dabei, sich wohler zu fühlen.

Aber du solltest nicht nur andere akzeptieren, sondern auch dich selbst! Sei gut zu dir, egal, was du im Laufe dieses Kapitels über dich herausfinden magst. *Selbstakzeptanz* ist die Voraussetzung für *Selbstliebe* und *Selbstfürsorge* – und die brauchst du, um mit *Selbstachtung* durchs

Leben zu gehen. Wenn du Unterstützung dabei brauchst, selbstbewusst zu dir zu stehen, dann lies Kapitel 13 „Ich bin okay, wie ich bin (Alles über Selbstbewusstsein)".

Also, lass uns zur Sache kommen! Lange Zeit wurde in Deutschland (und eigentlich weltweit) nicht zwischen dem **biologischen** und dem **sozialen Geschlecht** unterschieden. „Männlich" und „weiblich" waren **bestimmte Rollenbilder**, die es zu erfüllen galt und die uns bis heute prägen. Aber zu vielen Menschen passen sie nicht. Im Englischen gibt es übrigens die Wörter „sex" für biologisches und „gender" für soziales Geschlecht, im Deutschen hingegen nur das eine: Geschlecht.

Als du klein warst, haben die Erwachsenen, die dich großzogen, deine Kleidung und Spielsachen für dich ausgesucht. Wurde dir bei deiner Geburt das weibliche Geschlecht zugewiesen, wurdest du möglicherweise „mädchenhaft" gekleidet, mit Röcken und viel Rosa. Wurde dir das männliche Geschlecht zugewiesen, bekamst du eher dunkelblaue Kleidung und Basecaps, die eben als „jungenhaft" gelten. Weil du zu klein warst, hattest du darauf keinen Einfluss und die Entscheidungen wurden für dich getroffen.

Doch jetzt bist du groß und kannst für dich selbst bestimmen und wählen, wie du dich anziehen und womit du dich beschäftigen möchtest – unabhängig davon, welches Geschlecht dir bei der Geburt zugewiesen wurde. Das ist dein persönlicher Gender-Ausdruck und es gibt unzählige Wege, wie du ihn, bewusst oder unbewusst, zeigen kannst.

Um **Geschlechtsidentität** verstehen zu können, musst du zunächst wissen, was **biologisches Geschlecht** bedeutet. Und um zu verstehen, was es damit auf sich hat und warum das für manche problematisch ist, müssen wir zurück zu dem Tag deiner Geburt reisen, also als dir ein Geschlecht zugewiesen wurde. Als du das Licht der Welt erblickt hast, wurde dein biologisches Geschlecht anhand der sichtbaren Geschlechtsmerkmale, also deiner Genitalien, bestimmt und in deiner Geburtsurkunde notiert. Ist dies nicht eindeutig möglich, kann der Eintrag seit 2018 in Deutschland als „divers" vermerkt oder offengelassen werden.

Es gibt nämlich ganz viele Geschlechtsidentitäten, und so ist es *möglich*, dass du dich mit der Geschlechtszuweisung, die du bekommen hast, wohlfühlst, und ebenso, dass du dich damit nicht identifizieren kannst. Deine **Geschlechtsidentität** ist ein Teil von dir, und wie du sie empfindest, weißt nur du.

Menschen, deren biologisches und soziales Geschlecht übereinstimmen, sind **cisgender**. Für manche trifft dies jedoch nicht zu. Sie sind zum Beispiel **transgender** oder **nicht-binär**. Wieder andere fühlen sich beiden sozialen Geschlechtern zugehörig und sind **bigender**. **Genderfluide** Menschen bewegen sich fließend zwischen den Geschlechtern und lassen sich auf keines festlegen. Als **agender** oder **ungeschlechtlich** bezeichnen sich jene, die sich gar keinem Geschlecht zugehörig fühlen.

Es ist *möglich*, dass du dich mit einer der beschriebenen Geschlechtsidentitäten identifizierst, und genauso gut ist es *möglich*, dass die Identität, die du leben möchtest, nicht genannt wurde oder dass du noch auf der Suche bist. Die hier benannten Möglichkeiten sind zum einen nur einige wenige Beispiele und zum anderen ändern sich Begriffe und Definitionen. Während die Bezeichnungen für die verschiedenen Identitätsformen zum Zeitpunkt, als dieses Buch erschien, so gültig und akzeptiert waren, kann es gut sein, dass sie in ein paar Jahren komplett überholt sind. Denn als Gesellschaft erfahren und lernen wir immer mehr über Geschlechtsidentitäten und passen die Wörter an, mit denen wir sie beschreiben.

Es ist *möglich*, dass sich eine bei der Geburt als männlich bezeichnete Person als weiblich identifiziert und das über als feminin konnotierte Eigenschaften zum Ausdruck bringt oder auch umgekehrt. Die Kombinationen sind unendlich und sie alle haben ihre Berechtigung.

Das ist ein guter Moment, um anzumerken, dass Geschlechtsidentität und Gender-Ausdruck nichts darüber aussagen, in wen du dich verliebst oder mit wem du, wenn du älter bist, eine Beziehung haben möchtest. Das wird **sexuelle Identität** genannt und muss von deiner Geschlechtsidentität unterschieden werden.

Genauso vielfältig wie die Geschlechtsidentifikation kann auch die sexuelle Identität sein und wie man sie ausleben möchte. Und so, wie die Gesellschaft mehr über Geschlechteridentitäten, ihre Definitionen und Bezeichnungen lernt und sie immer wieder anpasst, verhält es sich auch mit sexuellen Identitäten. Deshalb könnten sich die hier genutzten Bezeichnungen mit der Zeit ändern.

MOMENT MAL, IM ERNST JETZT?

Sei ein PAL!

Für Menschen, die sich nicht mit dem ihnen bei ihrer Geburt zugewiesenen Geschlecht identifizieren können, ist es wichtig, Verbündete zu finden. Das muss nicht bedeuten, dass es dir genauso geht, sondern einfach, dass du andere so akzeptierst, wie sie sind, und sie unterstützt. Von so viel Liebe und Verständnis würde die Welt wirklich profitieren! Wie kann es gelingen, dass sich mehr Tweens und Teens untereinander unterstützen und akzeptieren? Eine Möglichkeit ist, in den Medien Figuren zu zeigen, die kein eindeutiges soziales Geschlecht verkörpern. In den USA wurde Kindern zwischen acht und zehn Jahren eine TV-Sendung mit PAL gezeigt, einem Roboter, dem kein Geschlecht zugewiesen wurde. PAL ist eine Abkürzung für ein Datenbankformat und zugleich das englische Wort für „Kumpel". PAL wurden in der Sendung Beispiele für „typisch Mädchen" und „typisch Jungen" gezeigt. Dann wurde gefragt, was PAL davon gern sein möchte. PAL entschied für gar kein Geschlecht, sondern wollte „nur ich selbst" sein. Die Mehrheit der zuschauenden Kinder stimmte PAL zu und fand, es sei „eine gute Wahl, ich selbst zu sein". Ist es nicht toll, andere auf diese Weise zu unterstützen? Indem man einfach denkt, dass *es eine gute Wahl für alle ist, die Person zu sein, die sie sein möchten.*

Es ist *möglich*, dass du dich in einen Menschen des „anderen Geschlechts" verliebst und herausfindest, dass du „hetero", also **heterosexuell**, bist. Oder du verliebst dich in einen Menschen desselben Geschlechts und entdeckst, dass du **homosexuell** bist, also **schwul** oder **lesbisch**. Oder du verliebst dich mal in Menschen deines und mal in solche des anderen Geschlechts und merkst, dass du **bisexuell** bist. Es könnte dir egal sein, welches Geschlecht der Mensch hat, in den du dich verliebst, und du bezeichnest dich vielleicht als **pansexuell**. Oder du verspürst keine oder nur selten eine sexuelle Anziehung zu anderen und identifizierst dich als **asexuell**. Es gibt unzählig viele verschiedene sexuelle Identitäten. Egal, was für dich passt und wie du empfindest – es ist großartig, genau so, wie es ist! Keine Neigung ist besser oder schlechter als die anderen. Und wenn du noch nicht verliebt warst und dir keine Gedanken über deine sexuelle Orientierung gemacht hast, ist das auch völlig in Ordnung!

Aber nicht alle verstehen die unterschiedlichen Identitäten und

Orientierungen und nicht alle akzeptieren sie. Es ist sehr schmerzhaft, wenn Leute dich für etwas, das du selbst womöglich unter großen Schwierigkeiten herausgefunden hast, ablehnen oder gar herabwürdigen. Tatsächlich wird vielerorts erwartet, dass alle Leute heterosexuell und cisgender sind, und wenn dem nicht so ist, wird das als „unnormal" und „falsch" verurteilt.

Um das gleich klarzustellen: Diese „Normen" beruhen auf den Meinungen und Überzeugungen einzelner Personen, nicht auf Fakten. Solltest du in deiner Schule oder deinem Wohnort abgelehnt werden, weil man dich dort nicht verstehen und akzeptieren will, dann wisse, dass es anderswo Unterstützung gibt. Lass dir nicht vorschreiben, wie du zu leben oder dich zu fühlen hast.

Peinlich gibt's nicht! Unter diesem Motto findest du auf www.liebesleben.de Hilfe und Beratung, egal, ob es um Sexualität, Coming-out oder einfach ein offenes Ohr für deine Nöte geht.

Der **Bundesverband Lambda** ist für alle, die jung und queer sind. Egal, ob lesbisch, schwul, bi, trans*, inter*, queer oder noch unsicher: Unter www.lambda-online.de findest du eine Community, die dich versteht, Möglichkeiten, wie du dich für mehr Akzeptanz und Verständnis einsetzen kannst, und viele weitere Informationen und Angebote.

TRAKINE e. V. startete als Elterninitiative, die trans* Kindern und Jugendlichen und ihren Familien Mut machen und Unterstützung bieten möchte: www.trans-kinder-netz.de.

Was immer du suchst, im Internet wirst du gewiss fündig. Dort haben sich viele Communitys gegründet und vielleicht findest du auch eine in deinem Ort. Wichtig ist, dass du dir bei Problemen Hilfe holst. Denke immer daran: *Du bist nicht allein!*

EINFACH MEGA!

Lass dich nicht in eine Schublade stecken! Du kannst alles sein und was du über dich herausfindest, kann sich auch wieder ändern. Je besser du dich kennst, desto besser kannst du DU sein! Lass du dir von niemandem reinreden!

Und wenn du nicht weißt, welche Bezeichnung zu dir passt, du dir unsicher bist, welche sexuelle Orientierung und welche Geschlechtsidentität die deinen sind und wie du dein Geschlecht zum Ausdruck bringen möchtest, dann ist das auch VÖLLIG OKAY! Du musst nicht alle Antworten haben. Du wirst noch so vieles über dich herausfinden, lernen und im Laufe der Zeit entdecken. Wichtig ist nur, dass du *akzeptierst*, was du an dir entdeckst. Dann wirst du dich einfach großartig fühlen!

EEEHM, IST DAS NORMAL?

Es gibt also alle möglichen Geschlechtsidentitäten und Gender-Ausdrucksformen … Aber was ist, wenn ich nicht so genau weiß, „was" ich bin. Ist es okay, nicht genau zu wissen, wer ich bin?

Ja, ja, tausendmal ja!

Erinnerst du dich noch an den Beginn dieses Kapitels und das wichtige Wort *möglich*? Mach dich darauf gefasst, es noch mindestens dreißigmal zu lesen. (Na gut, dreimal, das letzte mit eingerechnet.)

Möglich ist, bereits im Kindergartenalter zu merken, dass die Geschlechtsidentität nicht mit dem bei der Geburt zugewiesenen Geschlecht übereinstimmt. Und es ist *möglich*, es in der Schulzeit, im Erwachsenenalter oder irgendwann dazwischen zu begreifen. Manche realisieren *möglicherweise* in der Pubertät, dass sie sich mit dem ihnen von außen zugewiesenen biologischen Geschlecht nicht wohlfühlen, weil es nicht zu dem sozialen Geschlecht passt, das sie gern leben würden, und sie sind sich nicht sicher, was das bedeutet. Das ist alles völlig okay. Keiner weiß, in welchem Alter du deine Geschlechtsidentität und deine sexuelle Orientierung für dich entdeckst, und das ist auch gut so, solange du dir selbst keinen Druck machst. Solltest du dich jetzt immer noch gestresst oder panisch fühlen, dann sprich mit einer erwachsenen Vertrauensperson oder einer*m Ärzt*in über deine Gefühle.

VOR LANGER, LANGER ZEIT

Im Auftrag des Königs

Auch wenn sich die Gesellschaft erst seit wenigen Jahrzehnten mit unterschiedlichen Geschlechteridentitäten auseinandersetzt und sie akzeptiert, gab es in der Geschichte der Menschheit schon immer transgender und nicht-binäre Menschen.

Ein ganz erstaunliches Beispiel ist **CHEVALIER D'ÉON** (1728–1810). D'Éon spionierte im Auftrag des französischen Königs Ludwig XV. Viele hielten d'Éon damals für eine Frau, also jemanden zugewiesen weiblichen Geschlechts, die in Männerkleidung auftrat, um die männlich dominierte Politiklandschaft zu erobern. Und wirklich: D'Éon stieg erst in den Rang eines Diplomaten und dann in den eines Chevaliers, also eines Ritters, auf, verfasste rund 15 Bücher, gelangte im Krieg zu Ruhm und war vor allem geschickt im Spionieren.

Doch ab dem Jahr 1777 sollte sich d'Éon nicht länger als Mann kleiden: Auf Befehl des neuen Königs Ludwig XVI. hatte d'Éon bei der Rückkehr aus England nach Frankreich ausschließlich Frauenkleider zu tragen.

Damals wie heute galt d'Éon Frauenrechtler*innen als Beispiel dafür, was Frauen dieser Zeit hätten erreichen können, wenn sie gesellschaftlich die Möglichkeiten dazu gehabt hätten.

Jetzt magst du denken: *Moment, nur weil d'Éon eine Frau in Männerkleidern war, ist das doch noch nicht transgender. Das betrifft doch das körperliche Empfinden und nicht die Klamottenwahl.* Du hast recht! (Toll, dass du dieses Kapitel so aufmerksam gelesen hast!) Aber pass auf: Bei einer Autopsie von d'Éons Leiche im Jahr 1810 wurden männliche Genitalien entdeckt.

Und auch wenn die Begriffe „transgender" und „nicht-binär" zu jener Zeit noch nicht benutzt wurden, gilt d'Éon heute doch als wichtiges Exempel in der trans*-nicht-binär-queeren Geschichte: Bei der Geburt dem männlichen Geschlecht zugewiesen, lebte d'Éon bis zum Tod öffentlich als Frau.

KAPITEL 10

Im Land der Träume

(Alles über den Schlaf)

Schlafen tust du schon, seit es dich gibt, also glaubst du vielleicht, dass du über dieses Thema schon alles weißt.

Da aber nur etwa eines von fünf Kindern die vollen neun Stunden Schlaf – jup, neun, nicht acht! – pro Nacht bekommt, die an Schultagen nötig sind, ist es wichtig, mal genauer darüber zu sprechen. (Außerdem ist Schlaf viel komplizierter, als es scheint.)

Der Vorgang des Einschlafens ist ein Zusammenspiel aus Gehirnaktivität, Hormonspiegel und Muskelsystem. Kein Wunder, dass es oftmals gar nicht einfach ist einzuschlummern.

GEHIRNAKTIVITÄT + HORMONSPIEGEL + MUSKELSYSTEM

Genau wie sich Brüste, Penis und Hoden und Schamhaar in verschiedenen Stadien entwickeln, durchläuft auch der Schlafzyklus vier verschiedene Phasen – allerdings jede Nacht mehrmals!

DIE VIER SCHLAFPHASEN

PHASE 1:

In der ersten Phase entspannt sich dein Körper. Du dämmerst sanft von einem Zustand, in dem du noch Autos vorbeifahren hörst, hinüber in einen, in dem du die Welt um dich herum ausblendest und ins Traumland gleitest.

PHASE 2:

Nun schläfst du, allerdings nicht sehr tief. Alles verlangsamt sich, von deiner Atmung bis zu deinem Herzschlag. Sogar deine Körpertemperatur fällt etwas ab.

PHASE 3:

Du schläfst so tief und fest, dass man dich nur schwer wecken kann. Diesen Tiefschlaf brauchst du, um deine Batterie wieder aufzuladen und dich am nächsten Tag ausgeruht und erholt zu fühlen. Dein Herzschlag und deine Atmung fallen auf ihren absoluten Tiefpunkt.

PHASE 4:

Dies ist das genaue Gegenteil der dritten Phase! Deine Augenlider sind zwar geschlossen, doch deine Augen bewegen sich hin und her, als würden sie dem schnellsten Tennismatch aller Zeiten zuschauen. Dein ganzes vegetatives Nervensystem, wie deine Atmung und dein Herzschlag, ist sehr aktiv. Deine Muskeln sind hingegen so entspannt, dass du kaum einen Finger rühren kannst. Gut so, denn in dieser Phase träumst du lebhaft – und willst ja nicht plötzlich herumlaufen oder springen, nur weil du das gerade träumst.

DIESE PARTIEN IN GEHIRN UND KÖRPER SIND AM SCHLAF BETEILIGT:

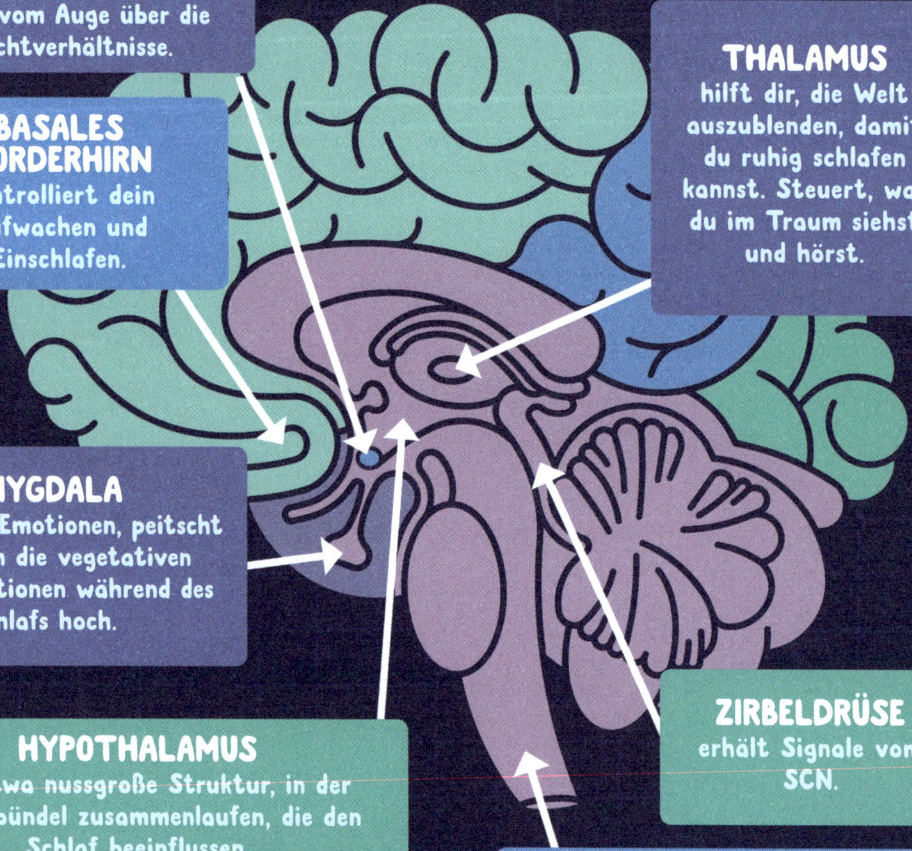

NUCLEUS SUPRACHIASMATICUS (SCN)
liegt im Hypothalamus. Hier bündeln sich Tausende von Zellen und empfangen Infos vom Auge über die Lichtverhältnisse.

ADENOSIN
ein biochemischer Nebenstoff aus Zellenergie, der dich müde werden lässt.

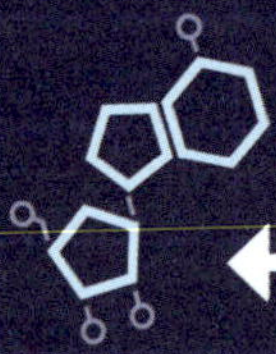

BASALES VORDERHIRN
kontrolliert dein Aufwachen und Einschlafen.

THALAMUS
hilft dir, die Welt auszublenden, damit du ruhig schlafen kannst. Steuert, was du im Traum siehst und hörst.

AMYGDALA
verarbeitet Emotionen, peitscht aber auch die vegetativen Körperfunktionen während des Schlafs hoch.

HYPOTHALAMUS
eine etwa nussgroße Struktur, in der Nervenbündel zusammenlaufen, die den Schlaf beeinflussen.

ZIRBELDRÜSE
erhält Signale vom SCN.

HIRNSTAMM
wird vom Hypothalamus mit so Dingen wie „Wach auf!“ oder „Geh schlafen!“ bequatscht.

Kommen wir zur allerwichtigsten Sache: Du brauchst viel Schlaf. Wie viel ist viel? Pubertierende benötigen jede Nacht zwischen neun und zehn Stunden.

Überleg doch mal, was dein Körper im Augenblick alles leistet! Deine Hormone fahren die unglaublichste Achterbahnfahrt, du wächst buchstäblich jeden Tag in alle Richtungen und dazu noch diese ganzen Emotionen … Uff, das ist verflixt viel Zeug!

Doch im Schlaf entspannst du dich und füllst den Akku deines Körpers wieder auf.

Wenn du jetzt denkst: *Na ja, aber mit einem halb vollen Akku kommt man doch auch klar, wo ist das Problem?,* dann ha!, wo ist keins!

Ernsthaft. Bereits wenn du mehrere Nächte in Folge zu wenig schläfst, wirkt sich das negativ auf deine Nerven aus. Du wirst schneller unruhig, wenn Dinge nicht so laufen, wie du es willst, und bist nicht mehr in der Lage, deine Emotionen richtig zu kontrollieren.

Wenn du im Schlaf deinen Körper nicht regenerieren kannst, fällt es dir schwerer, dich tagsüber in der Schule oder zu Hause zu konzentrieren, was bedeutet, dass deine Noten schlechter werden und du schneller in Streit über Kleinigkeiten gerätst. Außerdem kann deine psychische Gesundheit leiden. Über die erfährst du mehr in Kapitel 12 „Was ist in meinem Kopf los? (Alles über die psychische Gesundheit)".

Also nutz den Schlaf. Dein Körper wird es dir danken.

EINFACH MEGA!

Und wenn du genug Schlaf bekommst, dann verbessern sich, einfach weil du im Bett liegst, die Augen schließt und träumst, du wärst ein Einhorn, das fröhlich im Ozean herumturnt (was? In deinem Traum können Einhörner nicht schwimmen?), schwupp!, deine Chancen auf gute Schulnoten und ein friedliches Zusammenleben mit deinen Mitmenschen und dir selbst. Das ist doch einfach mega, oder?

MOMENT MAL, IM ERNST JETZT?

Gar nicht smart, dieses Smartphone!

Du glaubst, dein Smartphone würde deinen Schlaf nicht stören? Falsch gedacht! Wenn du noch 30 Minuten, nachdem du eigentlich schon schlafen solltest, Nachrichten verschickst, schläfst du schlechter als alle, die das nicht tun. Aber nicht nur dein Schlaf ist beeinträchtigt. Tweens und Teens, die mindestens eine halbe Stunde vorm Einschlafen nicht mehr am Handy waren, bekommen eher gute Noten als die, die bis zum Schluss rumdaddeln.

Noch was! Selbst wenn du die Augen geschlossen hast, dringt Licht von deinem Handybildschirm auf deine Netzhaut und blockiert damit die Ausschüttung von **MELANTONIN**, einem Hormon, das beim Einschlafen hilft.

Also stell das Teil ein paar Stunden bevor du ins Bett gehst, aus und mach irgendetwas ohne elektronische Geräte. Das hat auf kurze und lange Sicht nur Vorteile!

EEEHM, IST DAS NORMAL?

Ich schlafe mehr als genug, aber, ööh ... wenn ich aufwache ... dann sind meine Laken nass. Stimmt was nicht?

Nun, das hängt von dem ab, was da auf deinen Laken gelandet ist. Ist es etwas klebrig und du hast einen Penis? Dann hattest du vermutlich einen nächtlichen Samenerguss, auch „feuchter Traum" genannt. Mehr dazu in Kapitel 2 „In deiner Unterhose (Alles über Penis, Hoden und Hodensack)".

Wenn es ein größerer Fleck ist und nach Urin riecht, kann es sich um **ENURESIS** handeln, also „Bettnässen". Auch Stress kann die Ursache sein. Falls nicht, ist es auch einfach möglich, dass dein Körper mal wieder sein eigenes verrücktes und unvorhersehbares Ding macht und sich von allein wieder beruhigt. Sprich dennoch mit deinen Sorgeberechtigten. Wenn es häufiger vorkommt, solltet ihr ärztliche Hilfe holen.

Manchmal bin ich nach der Schule zu Hause so fertig, dass ich ein Mittagsschläfchen mache. Stört das meinen nächtlichen Schlaf?

Auch das kommt darauf an. Wie oft machst du Mittagsschlaf, um wie viel Uhr, wie lang … Ein kurzes Nickerchen (fünf bis 15 Minuten) kann deine Aufmerksamkeit um einige Stunden steigern, während du nach einem Schläfchen von über 30 Minuten zwar erst mal etwas groggy bist, dann aber noch viele Stunden wach bleiben kannst. Wer zwischen 30 und 60 Minuten Mittagsschlaf macht, kann sich länger konzentrieren und Fragen schneller beantworten. Zudem helfen regelmäßige Nickerchen, die Aufmerksamkeit und die Gedächtnisleistung zu verbessern. Aber alles über eine Stunde und nach 16 Uhr kann deinen nächtlichen Schlaf tatsächlich beeinträchtigen.

Ein Schläfchen könnte also genau das sein, was du brauchst. Probiere es aus. Führe ein Schlaf-Tagebuch. Halte fest, wann du dich ins Bett legst und wann du aufwachst. Notiere, wie lange du zum Einschlafen gebraucht hast und ob du zwischendurch wach geworden bist. Wenn du dein Smartphone am Bett hast, schreibe auf, wann du zum letzten Mal darauf geschaut hast. Vermerke auch deine Nickerchen. Schau dir am Ende der Woche deine Tabelle an, am besten zusammen mit einem*r vertrauten Erwachsenen. So findet ihr sicherlich heraus, was sich wie auf deinen Schlaf auswirkt.

MO	Di	Mi	DO	FR	SA	SO
6.45h	6.45h	6.45h	7.03h! VERSCHLAFEN	6.45h	8.45h	10.00h
20h SO MÜDE!	20.30h	20.45h	20.30h WACH VON 3 bis 4h	21.30h	22.30h	~~20.30h~~ 21.45h 22.15h? KONNTE NICHT EINSCHLAFEN!

Ich kann nicht gut einschlafen, weil meine Gedanken Karussell fahren. Irgendwelche Vorschläge?

Und ob! Solltest du Probleme beim Einschlafen haben, weil deine Gedanken nicht zur Ruhe kommen, könntest du eine der folgenden Techniken ausprobieren.

den Dingen, die dich stressen, abzulenken und dich zu fokussieren.

2. **SPANNUNGEN ABBAUEN (PROGRESSIVE MUSKELENTSPANNUNG):** Beginne für diese Technik beim Kopf und arbeite dich hinab zu den Füßen. Spanne nacheinander circa 30 Sekunden lang die verschiedenen Muskelpartien in deinem Körper an und lasse sie wieder los. Wenn dich 30 Sekunden am Anfang zu sehr anstrengen, beginne mit fünf und erhöhe langsam. Wiederhole die Übung, bis du ins Traumland gleitest.
3. **AUF DEN ATEM KONZENTRIEREN:** Das ist ein bisschen wie ein Countdown. Leg dich mit geschlossenen Augen ins Bett, atme langsam durch die Nase ein und zähle bis vier. Halte den Atem fünf Sekunden lang an und stoße ihn dann durch den Mund wieder aus, während du bis sechs zählst. Wann immer sich deine Gedanken auf Wanderschaft begeben, hole sie zurück und konzentriere dich auf deinen Atem, bis du einschläfst.
4. **HOLE ÄRZTLICHEN RAT:** Wenn du all das ausprobiert und noch immer Einschlafprobleme hast, lasse dir ärztlich helfen, zum Beispiel mit einem Bluttest, einer Überweisung in ein Schlaflabor oder einem auf dich zugeschnittenen Plan. Denke daran: Schlaf hält deinen Körper gesund und ein*e Ärzt*in hilft herauszufinden, was gerade nicht stimmt.

SPANIEN

WAS GEHT AB … IN SPANIEN?

Hasta la vista, siesta!

Nach dem Spanischen Bürgerkrieg (1936–1939) mussten viele Spanier*innen zwei Jobs nachgehen, um ihre Familien über Wasser zu halten, einem morgens und dem anderen abends. Um das auf die Reihe zu kriegen, haben sie zwischendurch **SIESTA** gehalten. Das ganze Land machte zwei Stunden Mittagsruhe, um sich eine Verschnaufpause zwischen der Arbeit zu gönnen. Wie du im Abschnitt „Eeehm, ist das normal?" in diesem Kapitel gelernt hast, verschafft das Nickerchen am Nachmittag wieder genug Energie, um später produktiv arbeiten zu können und noch etwas Zeit mit der Familie zu haben.

Doch diese Tradition verschwindet allmählich. Jüngste Umfragen haben ergeben, dass 60 Prozent der Spanier*innen keine Siesta mehr halten. Hoffentlich liegt das daran, dass alle nachts ausreichend Schlaf bekommen und sie deswegen nicht mehr brauchen.

KAPITEL 11

Du bist, was du isst … und was du nicht isst

(Alles über Ernährung)

Jede*r Ärzt*in weltweit empfiehlt eine AUSGEWOGENE ERNÄHRUNG. Das heißt nicht, dass du alles, was du isst, auf eine Waage legen musst, sondern dass du möglichst vielfältige, nährstoffreiche Lebensmittel in einem ausbalancierten Maße zu dir nehmen solltest.

Das ist besonders für junge Menschen wie dich in der Pubertät megawichtig, weil sich so vieles in deinem Körper entwickelt. Es ist also der perfekte Zeitpunkt, um auf eine gesunde Ernährungsweise zu achten und diese umzusetzen.

Außerdem ist eine ausgewogene Ernährung echt nice. Stell dir vor, deine Familie würde ein Restaurant mit einem Büfett besuchen. Dein Stiefvater wählt ein Stück Pizza, grünen Salat und Bohnen. Dein Bruder nimmt ein Schweinekotelett, Reis und etwas Brokkoli. Und du füllst deinen Teller mit Möhren und Makkaroni mit Tomatensoße. Jeder von euch hat sich etwas anderes ausgesucht, mit ganz unterschiedlichen Nährstoffen. Ungefähr so funktioniert auch eine ausgewogene Ernährung, nur dass du all das nicht auf einmal, sondern an verschiedenen Tagen isst.

WIE ERNÄHRE ICH MICH AUSGEWOGEN?

ISS VERSCHIEDENFARBIGES OBST UND GEMÜSE

Beispiel: Zum Frühstück etwas Rührei, Vollkorntoast sowie Naturjoghurt mit Blaubeeren und einem Glas Hafermilch, mittags eine kleine Portion Spaghetti mit Spinat und Hackfleisch und Apfelstücke zum Nachtisch und abends etwas Lachs mit Kartoffeln, Möhren, eine Handvoll Nüsse und frischen Pfirsich. Das wäre ein ausgewogener Speiseplan für einen Tag, denn über diese unterschiedlichen, bunten Lebensmittel – Obst, Gemüse, Milchprodukte, Vollkornprodukte, etwas Fleisch und Fisch – gibst du deinem Körper die vielfältigen Nährstoffe, die er braucht.

MISCHE PFLANZLICHE EIWEISSE IN DEINEN SPEISEPLAN

Proteine, also „Eiweiße", sind Nährstoffe, die dein Körper aus einer Bandbreite an Lebensmitteln zieht. Dein Körper braucht sie für deine Haut, Knochen, Haare, Muskeln ... eigentlich für alles. Viele Leute meinen, ausreichend Proteine bekäme man durch viel Fleisch, Milchprodukte und Eier. Aber das stimmt nicht. Alle Pflanzen beinhalten Proteine, insbesondere Hülsenfrüchte wie Erbsen, Bohnen, Linsen und Lupine. Auch Nüsse (wie Mandeln und Walnüsse) sind gute Proteinlieferanten, ebenso Vollkornprodukte, also etwa Vollkornpasta oder Haferflocken.

ANDERE NÄHRSTOFFE

Dein Körper braucht **KOHLENHYDRATE**, aus denen er Energie zieht. Wähle gesunde Kohlenhydrate aus Obst, Gemüse, Hülsenfrüchten und Vollkornprodukten. Jede Menge ungesunde Kohlenhydrate lauern in stark verarbeiteten Lebensmitteln wie Weißbrot und Pommes. Außerdem brauchst du **BALLASTSTOFFE**. Wasserlösliche Ballaststoffe halten deinen Blutzuckerspiegel auf einem stabilen Level, während wasserunlösliche deine Verdauung unterstützen. Deine tägliche Menge an Ballaststoffen bekommst du über die gesunden Kohlenhydrate. Getreide wie Vollkornreis und Couscous, Hülsenfrüchte wie Bohnen und Linsen, Gemüse wie Möhren, Obst wie Äpfel (mit Schale!) und Früchte wie Blaubeeren beinhalten jede Menge Ballaststoffe und andere wertvolle Nährstoffe!

Wie bei den Ballaststoffen gibt es auch beim Fett unterschiedliche Typen. In Pflanzen wie Oliven und Nüssen, aber auch in fettreichem Fisch wie Lachs, stecken viele **UNGESÄTTIGTE FETTSÄUREN**. Rotes Fleisch und Milchprodukte wie Butter und Käse enthalten hingegen **GESÄTTIGTE FETTSÄUREN**. Halte dich nach Möglichkeit an die ungesättigte Variante, da sie besser für deinen Körper ist.

VITAMINE UND MINERALIEN

VITAMIN A hilft deinen Augen und deinem Immunsystem (das Krankheiten abwehrt). **VITAMIN C** ist ein starkes Antioxidationsmittel und kurbelt die Produktion von Collagen an, einem Protein, das der Haut hilft, Wunden zu heilen.

CALCIUM und **VITAMIN D** helfen beim Aufbau gesunder und kräftiger Knochen und Muskeln. **EISEN** ist wichtig bei der Blutbildung und hilft, Sauerstoff in alle Zellen deines Körpers zu transportieren. **ZINK** unterstützt ebenfalls das Immunsystem und die Wundheilung.

Deswegen ist eine ausgewogene Ernährung so wichtig: Viele verschiedene Lebensmittel mit unterschiedlichsten Nährstoffen halten dich gesund und kräftig.

Fällt es dir schwer, abwechslungsreich zu essen und diese Lebensmittel in deinen Speiseplan einzubauen? Dann könnte ein Nährstoffpräparat helfen. Führe ein Ernährungstagebuch und schreibe auf, was du isst und trinkst. Besprich mit einem*r vertrauenswürdigen Erwachsenen, ob du dich ausgewogen ernährst oder vielleicht ein Präparat brauchst.

Kommen wir jetzt zu diesem Elefanten, der hier die Wände hochrennt und alles zertrümmert:

RAFFINIERTER ZUCKER

Erinnere dich an die Balance, die für eine ausgewogene Ernährung so wichtig ist. Der Elefant sollte nur einen winzigen Teil davon ausmachen.

Denkst du bei raffiniertem, also industriell verarbeitetem „weißem" Zucker, an Süßigkeiten? Tja, er ist nicht nur raffiniert, sondern auch fies, denn er macht süchtig und krank. Eine Studie ergab, dass 63 Prozent aller US-amerikanischen Jugendlichen mindestens ein gesüßtes Getränk pro Tag trinken. Und nur weil du keine Limo trinkst, bist du nicht immun. Der Genuss von Sportgetränken und Energydrinks unter Tweens und Teens hat sich verdreifacht und das sind zuckrige Getränke. Als Vitamin- oder Sportgetränke angepriesen, erscheinen sie „gesünder" als andere Säfte, enthalten aber oft ein Vielfaches an Zucker. Wenn du durch zu viel Zucker deinem Körper zu viel Energie zuführst, verwandelt er sie in Fett und das führt zu Übergewicht und Fettleibigkeit und macht dich krank.

Eine Möglichkeit dagegenzuwirken, ist, Wasser zu trinken. Eine Studie zeigt, dass rund 20 Prozent aller amerikanischen Jugendlichen doppelt so viel Limonade wie Wasser trinken. Zähle du nicht dazu und trinke täglich Wasser.

WAS GEHT AB ... IN JAPAN?

Eile mit Weile

Verschlingst du dein Essen in einer Geschwindigkeit, dass Superman beim Zuschauen vor Neid blass werden würde? Das solltest du blitzschnell ändern. Eine Studie unter zwölf- und 13-jährigen Japaner*innen, die ihre Mahlzeiten wirklich schnell vertilgten, hat ergeben, dass ihr „Taille-zu-Größe-Verhältnis" stieg. Sie nahmen mehr Gewicht zu, als für ihre Körpergröße gut war, und wurden dick! Auch wenn dieses Ergebnis an japanischen Jugendlichen festgestellt wurde, gilt es sicherlich auch überall sonst auf der Welt.

Ernähre dich möglichst vielseitig und ausgewogen und vermeide die nicht so guten Nahrungsmittel. Du kannst Zucker essen, aber nicht zu oft und nicht in zu großen Mengen. Nimm ausreichende Mengen an Proteinen, Kohlehydraten, Fett und Ballaststoffen zu dir und du bist auf dem besten Weg für gesundes Leben!

Jetzt weißt du zwar viel über ausgewogene Ernährung, aber du bist das Kind und bestimmst vermutlich nicht, was bei euch zu Hause auf den Tisch kommt.

Aber frag doch, ob du zum Einkaufen mitkommen oder anders helfen kannst, den wöchentlichen Speiseplan mitzugestalten, und hilf beim Zubereiten der Mahlzeiten.

Auch eure Finanzen hast du wahrscheinlich nicht in der Hand. Doch gemeinsam mit deiner Familie kannst du nach Möglichkeiten suchen, wie ihr euch auch mit engem Budget gesund ernähren könnt.

Setze auf regionale und saisonale Produkte von Direktvermarktern und Discountmärkten. Vielerorts helfen auch Organisationen wie TAFEL e.V. (www.tafel.de). Um dort einzukaufen, brauchst du einen Nachweis vom Sozialamt. Mach dich schlau und du wirst Lösungen finden!

EINFACH MEGA!

Über dein Essen „tankst" du deinen Körper sprichwörtlich auf! Allein das ist ziemlich cool. Aber noch besser ist: Du kannst dafür sorgen, dass dein Körper mit dem richtigen Treibstoff stark und gesund bleibt. Einfach megacool!

EEEHM, IST DAS NORMAL?

Was ist eigentlich mit diesen Kalorien los? Die sind doch alle gleich, oder?

Überhaupt nicht! Hochwertige Kalorien halten dich lange satt und geben deinem Körper wichtige Nährstoffe. Du bekommst sie durch vollwertige Nahrungsmittel wie Äpfel, Vollkornreis und Hühnerbrust. Leere Kalorien findest du in stark industriell verarbeitetem Essen wie Fertigmahlzeiten und Fast Food. Sie enthalten viele Kalorien aus ungesundem Fett und Zucker, aber kaum Vitamine und Mineralstoffe. Wenn du pro Tag etwa 2000 Kalorien bekommst, aber nur aus industriellen Nahrungsmitteln, wirst du dich nicht satt fühlen und deshalb mehr essen. Selbst wenn du nur die für dein Alter und deine Größe empfohlene Menge an leeren Kalorien zu dir nimmst, fehlen dir Nährstoffe und du bist, obwohl du reichlich zu essen hast, unterernährt, wirst aber zugleich schneller zunehmen, denn industriell verarbeitete Nahrungsmittel enthalten oft versteckten Zucker, auch vermeintlich herzhafte wie Käse, Pizza und Co., und den speichert dein Körper als Fett.

Irgendwie reden alle von „Superfoods". Sind die wirklich besser als andere Lebensmittel?

Also, das ist so: Manche Lebensmittel sind tatsächlich besonders reich an bestimmten Nährstoffen und es ist gut, sie regelmäßig zu essen. Aber *Superfood* ist eine Erfindung der Werbung, um Produkte zu verkaufen, und das schon seit rund hundert Jahren! Hier ein paar Lebensmittel mit wirklich richtig guten Inhaltsstoffen: grünes und blättriges Gemüse (wie Spinat, Mangold und Brokkoli), fettreiche Fische und Pflanzen (wie Lachs und Avocado) oder Beeren (etwa Erdbeeren und Blaubeeren). Mit diesen Lebensmitteln auf deinem Speiseplan hilfst du deinem ganzen Körper, inklusive Gehirn! Aber wie schon hundertmal erwähnt, kommt es auf die Balance an! Wenn du eine Woche lang nur ein einziges Lebensmittel isst, und sei es noch so gesund, dann führt auch das zu Mangelerscheinungen, weil dir die Vitamine, Mineralien und Nährstoffe aus der Mischung fehlen.

MOMENT MAL, IM ERNST JETZT?

Völlig Fast-Food-verrückt!

In Millionenstädten wie Berlin oder Frankfurt gibt es so viele Fast-Food-Restaurants, dass du aus einem kommend schon im nächsten stehst. Wenn du in einer Stadt mit einem so riesigen Angebot lebst, hast du womöglich eines direkt um die Ecke. Wenn in einem Umkreis von etwa 1,5 Kilometern rund um dein Haus oder deine Schule elf oder mehr Schnellrestaurants stehen, ist laut einer Studie die Wahrscheinlichkeit, dass du dort sehr oft isst, ziemlich hoch. Also so rund viermal pro Woche. Nun denkst du vielleicht: „Das trifft auf mich nicht zu! Wir haben im Umkreis von 1,5 km kein Schnellrestaurant." Tja, die Kinder, auf die *das* zutrifft, essen trotzdem im Durchschnitt dreimal pro Woche Fast Food!

Die Sache ist die: Du kannst nichts dafür, wo du wohnst und wo du zur Schule gehst. Vielleicht hast du noch nicht mal die Wahl, ob du Fast Food essen möchtest oder nicht.

Das liegt nicht in deiner Verantwortung und wer auch immer sich um dich kümmert, wird sicherlich sein*ihr Bestes geben.

Aber etwas kannst du doch tun: Du kannst wählen, *was* du isst. Zum Beispiel gegrilltes statt frittiertes Fleisch (Huhn, Schwein) und statt verarbeitetem (Hackfleisch) ganze Stücke (etwa Steak). Nimm wenn möglich fleischlose (vegetarische) Menüs, wie Salat mit Bohnen und/oder Nüssen für herzstärkende Proteine. Vermeide ungesunde Fette durch Sahnedressings und nimm lieber Vinaigrette-Soße. Lass „Extras" (wie Schinken, Käse oder Majo) oder frittiertes Gemüse (wie Kartoffel-Wedges) weg und nimm lieber frisches oder gedünstetes Gemüse oder Obst. Eine Ofenkartoffel mit Quark zum Beispiel, wenn das angeboten wird. Und trinke viel Wasser. Wenn du oft ins selbe Restaurant gehst, probiere unterschiedliche Gerichte, auch das bringt Abwechslung. Gönn dir ab und an auch die nicht ganz so gesunden Sachen, denn denk dran, es geht um die Balance!

KAPITEL 12

Was ist in meinem Kopf los?

(Alles über die psychische Gesundheit)

Hast du schon mal die Begriffe PSYCHISCHE GESUNDHEIT und PSYCHISCHE KRANKHEIT gehört? Obwohl sie recht ähnlich klingen, sind sie doch völlig unterschiedlich.

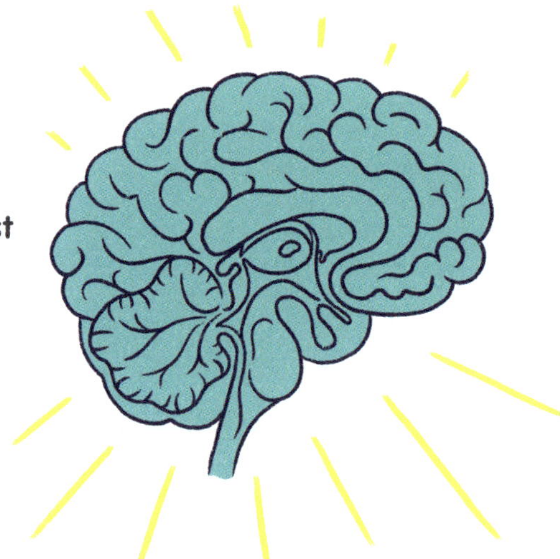

PSYCHISCHE GESUNDHEIT beschreibt dein Wohlbefinden. Also deine Emotionen, wie du mit den Menschen um dich herum klarkommst, denkst und fühlst. Das spielt eine wichtige Rolle dafür, wie du dich vom Kleinkind zum Erwachsenen entwickelst! Es ist wichtig, die eigene psychische Gesundheit regelmäßig abzuchecken.

PSYCHISCHE KRANKHEITEN dagegen sind medizinisch diagnostizierte Krankheiten, die das Denken, Fühlen und Handeln beeinflussen. Sie können vererbt werden oder durch extreme Erlebnisse entstehen, also etwa sehr traurige oder schreckliche.

Zwei Regeln solltest du aus diesen beiden Textabschnitten mitnehmen:

1 DIE PSYCHISCHE GESUNDHEIT IST **WICHTIG** FÜR **ALLE**, *nicht* NUR FÜR LEUTE MIT PSYCHISCHEN ERKRANKUNGEN

2 *Auch wenn* PSYCHISCHE KRANKHEITEN EIN **GESUNDHEITSPROBLEM** DARSTELLEN KÖNNEN, SIND SIE DOCH ETWAS *völlig* **NORMALES.** VIELE LEUTE HABEN WELCHE!

Psychische Gesundheit ist für alle wichtig. Und zwar so sehr, dass man es gar nicht oft genug erwähnen kann! Du weißt bereits, dass dein Körper eine ausgewogene Ernährung braucht, um gesund zu bleiben. Ebenso wichtig ist, dass du ausgeglichen lebst, damit dein Wohlbefinden stimmt, selbst wenn du so gut drauf bist, dass es wirkt, als würde die Sonne nur für dich scheinen.

Und wenn es dir gerade nicht so gut geht, weil du gestresst bist, du traurig oder wütend bist, ist es umso wichtiger, an deinem Wohlbefinden zu arbeiten.

Ob du nun ein Sonnenschein bist oder alles trist und grau erscheint: Es gibt Methoden, die dir helfen können, deine psychische Gesundheit in Balance zu halten.

FÜHRE EIN DANKBARKEITSTAGEBUCH. Schreibe täglich eine Sache auf, für die du dankbar bist. Beschreibe in etwa fünf Sätzen, warum. Schließe die Augen und denke fünf Minuten an die Sache und was sie für dich bewirkt. Diese Übung verbessert dein Wohlbefinden und Selbstbewusstsein enorm!

LASS DEINE GEFÜHLE FLIEGEN! Wenn du traurig bist, sei traurig. Und wenn du wütend bist, sei wütend. Schrei! Weine! Lass deine Emotionen raus, lass Dampf ab! Versuch aber, dabei nichts zu zerstören.

DENKE, NACHDEM EINIGE ZEIT VERGANGEN IST, DARÜBER NACH, WAS DICH GLÜCKLICH MACHT. Fährst du gern mit dem Rad oder hörst du gern Musik und tanzt dazu? Dann tu das! Wenn es, nachdem du traurig oder wütend warst, nicht möglich ist zu tun, was dich glücklich macht, dann schließe deine Augen und denke an etwas Schönes. Vielleicht dein Haustier, ein Erfolgserlebnis oder etwas anderes, das dich jubeln lässt. Atme ruhig ein und aus und überlege, warum es dich so glücklich macht.

ÜBERLEGE DIR NOCH EIN WEILCHEN SPÄTER, WAS DICH ZUVOR SO WÜTEND ODER TRAURIG GEMACHT HAT. Wühlt es dich jetzt immer noch so auf? Warum? Schreibe all deine Gedanken auf, um zu begreifen, was passiert ist. Sollte eine andere Person involviert sein, dann sprecht in aller Ruhe über den Vorfall, damit ihr euch beide besser fühlen könnt.

Es gibt keine perfekte Zeitvorgabe dafür, wie lange es gut ist, sich über etwas zu ärgern oder traurig zu sein. Wisse aber, dass es ungesund sein kann, wenn negative Gefühle zu lang anhalten. Solltest du merken, dass du häufiger traurig oder wütend als glücklich bist, dann sprich unbedingt mit einem*r vertrauten Erwachsenen. Gemeinsam findet ihr bestimmt eine Lösung.

SIERRA LEONE

WAS GEHT AB ... IN SIERRA LEONE?

Falsch beraten

Eine 2016 durchgeführte Studie fand heraus, dass in Sierra Leone zwischen Bedarf und Angebot an Beratungsstellen für Jugendliche eine Lücke von 99,8 Prozent klafft. Ein Grund dafür ist der kulturelle Glaube, dass seelische Probleme von geistlichen Führer*innen oder Heiler*innen behandelt werden müssen. Es gibt kein Verständnis dafür, dass Jugendliche fachkundige Anlaufstellen für psychologischen Rat brauchen, und seelische Probleme werden oft stigmatisiert. Auf den nächsten Seiten wirst du aber lernen, dass es bei psychischen Problemen und Krankheiten extrem wichtig ist, Hilfe zu bekommen. Am Buchende findest du eine Liste mit Stellen, bei denen du Hilfe bekommen kannst.

Möglicherweise fühlst du dich auch überfordert, abgelenkt, wütend oder hast andere erdrückende Gefühle. Wenn du den Eindruck hast, dass sie außer Kontrolle geraten, egal, wie sehr du dich bemühst, dann solltest du unbedingt mit einem*r vertrauenswürdigen Erwachsenen sprechen. Vielleicht brauchst du professionelle Unterstützung, etwa durch eine Therapie.

Das ist wirklich wichtig. Es ist unabdingbar, mit Spezialist*innen zu sprechen, so wie du es auch bei körperlichen Problemen tun würdest. Wenn du Akne hast und dein Hausarzt kann dir nicht weiterhelfen, gehst du zur Dermatologin, oder? Bei psychischen Problemen ist es genauso: Eine Beratungsstelle, ein Psychologe, eine Therapeutin oder eine andere

Vertrauensperson kann dir helfen herauszufinden, warum du dich so fühlst und wie es dir besser gehen kann.

Genau wie physische, also körperliche, Krankheiten gibt es auch unzählige psychische Krankheiten. Hier eine kurze Beschreibung einiger, von denen du vielleicht schon gehört hast:

DEPRESSIONEN: werden oftmals als ein bedrückendes, lähmendes Gefühl beschrieben, dem man nicht entkommen kann. Das ist wirklich hart. Es gibt viele Gründe, warum sie Jugendliche in der Pubertät treffen können. Streit in der Familie und Mobbing in der Schule zum Beispiel. Aber auch die Pubertät an sich kann, durch die Hormonschwankungen, Depressionen auslösen. Depressionen können auch genetisch bedingt sein.

PANIKATTACKEN: Für Panikattacken gibt es verschiedene Auslöser. Etwa, weil man sich große Sorgen macht oder einen die Angst überwältigt, weil etwas Bestimmtes passiert oder passieren könnte, das diese Gefühle auslöst. Und auch ohne konkreten Anlass können allein deine Gedanken zu Panikattacken führen. Sie tauchen ganz plötzlich auf und können sich um alles Mögliche drehen, wie deine Familie, Dinge, die du getan hast oder tun wirst, oder deine Noten. Dein Körper reagiert darauf, ohne dass dein Kopf etwas tun kann. Wie Depressionen kann auch die Neigung zu Panikattacken genetisch bedingt sein. Puh, diese Gene haben es wirklich in sich!

ESSSTÖRUNGEN: Vielen ist nicht klar, dass Essstörungen eine psychische Krankheit sind und dass auch sie genetisch vererbt werden können (zur Hölle mit den Genen!).

Bei Jugendlichen kommen vor allem zwei Formen vermehrt vor: **ANOREXIA NERVOSA**, besser bekannt als *Magersucht*, verleitet eine Person dazu, viel zu wenig zu essen aus einer übersteigerten Angst heraus zuzunehmen. Oftmals haben diese Menschen ein gestörtes Selbstbild und nehmen nicht wahr, wie ihr Körper *wirklich* aussieht. An einer meist nur Bulimie genannten **BULIMIA NERVOSA** Erkrankte nehmen ungewöhnlich große Mengen Essen innerhalb kürzester Zeit zu sich (auch **BINGE EATING** oder **FRESSATTACKE** genannt). Das Essen gerät völlig außer Kontrolle. Binge-Eating-Essstörungen führen meist zu Übergewicht. Eine an Bulimie leidende Person will das nicht. Durch erzwungenes Erbrechen, extreme Diäten und exzessiven Sport versucht sie, ebenfalls aus einem gestörten Selbstbild heraus, ihr Gewicht zu halten oder abzunehmen.

Wenn du oder eine dir nahestehende Person eines dieser Symptome zeigt, dann sprich mit einem*r vertrauten Erwachsenen, um fachliche Hilfe zu finden.

Nur um das klarzustellen: Es ist absolut *möglich*, eine psychische Krankheit zu haben und ein glückliches und erfülltes Leben zu führen. Mit der Unterstützung von Familie, Freunden, einer Ärztin, einem Psychologen oder einer Therapeutin kannst du trotz einer psychischen Erkrankung dein Leben genießen.

EINFACH MEGA!

Wenn du dein Gleichgewicht findest, dir deiner Stärken bewusst wirst und in deinem Alltag für dich hilfreiche Strukturen einbaust, um deine psychische Gesundheit zu schützen und zu stützen, bist du auf einem sehr guten Weg für dein Leben. Und Leute, die keine psychischen Krankheiten haben? Nun, wenn du von Kopf bis Fuß tipptopp gesund bist, dir aber zu helfen weißt, wenn es dir mal nicht so gut geht, ist das eine einfach megageniale Art, dein Leben zu leben.

EEEHM, IST DAS NORMAL?

Ich schlage mich mit Depressionen rum. Gibt es irgendwo Leute, die mich und meine Situation verstehen?

JA! Wenn du dich depressiv oder panisch fühlst und Selbstmordgedanken hegst, ruf **116 111**, die **Nummer gegen Kummer e. V.**, an. Bei diesem Sorgentelefon für Kinder und Jugendliche kannst du mit egal welchem Problem montags bis samstags von 14 bis 20 Uhr anrufen und findest ein offenes Ohr. Gespräche sind vertraulich, anonym, kostenlos und erscheinen auf keiner Telefonrechnung: www.nummergegenkummer.de.

Solltest du Probleme haben, weil du queer, trans*, inter* oder homosexuell bist, kannst du dich an die Hilfs-Hotline von **Trans-Ident e. V.** wenden: www.trans-ident.de/trans-ident-beratungsstelle.

Auch dein*e Hausärzt*in ist eine gute Anlaufstelle. Bitte einfach um ein Gespräch unter vier Augen. Er*sie ist an die ärztliche Schweigepflicht gebunden, solange du nicht dir oder anderen Menschen etwas antun möchtest und Gefahr droht, und hat auch Kontakte zu weiteren Stellen, wo man dir helfen kann.

Du siehst, es gibt viele Möglichkeiten. Was immer dich bedrückt, du bist nicht allein!

Ich höre, wie sich mein Freund nach dem Essen im Klo übergibt. Aber er ist ein Junge, also hat er keine Bulimie, oder?

Vorurteile dürfen nicht dazu führen, dass du jemandem in Not nicht hilfst! Viele Leute nehmen an, dass Jungen seltener Essstörungen entwickeln. Laut dem Amerikanischen Verband für Essstörungen, einer Organisation, die Betroffenen und ihren Familien hilft, sind jedoch rund ein Drittel der Patient*innen männlich. Der Verband fand auch heraus, dass allein in den USA etwa zehn Millionen Männer irgendwann in ihrem Leben von Essstörungen betroffen sind. Wenn du also mitbekommst, dass jemand Hilfe braucht, dann lass dich nicht vom körperlichen oder sozialen Geschlecht oder dem Alter daran hindern. Versuch einfach zu helfen!

Ich fühle mich schon seit einer ganzen Weile deprimiert, aber ich will nicht so recht darüber sprechen. Muss ich wirklich zum Arzt? Ist das so ein großes Ding, wenn ich versuche, allein klarzukommen?

Ehrliche Antwort? Wenn du einen erhöhten Blutzuckerspiegel hättest, oft müde wärst und Sehstörungen sowie taube Gliedmaßen hättest, würdest du dann zu einem*r Ärzt*in gehen, dir Insulin verschreiben lassen und täglich deinen Blutzucker checken? Oder würdest du das alles ignorieren, essen, was und wann du willst, und medizinische Hilfe ablehnen, während du langsam erblindest und dein Fuß amputiert werden muss? Klingt übertrieben? Ist es aber nicht. Das kann tatsächlich passieren, wenn man einen Diabetes Typ 2 unbehandelt lässt.

Genau das Gleiche gilt für die psychische Gesundheit. Glaubst du nicht? Zeit für einen knallharten Fakt: Das US-amerikanische Gesundheitsministerium schätzt, dass rund 60 Prozent aller Menschen, die Selbstmord begehen, eine affektive Störung (etwa eine Depression) haben. Werde keine Zahl in solch einer Statistik!

Es gibt viele Möglichkeiten, sich helfen zu lassen. Dein*e Hausärzt*in ist eine davon. Sie haben wie gesagt eine Schweigepflicht und dürfen nichts über dieses Gespräch und seinen Inhalt erzählen, solange du dir oder anderen nichts antun möchtest. Sollte das der Fall sein, werden sie dich unterstützen, damit es wieder besser wird. Am Ende des Buchs findest du weitere hilfreiche Adressen.

KAPITEL 13

Ich bin okay, wie ich bin

(Alles über Selbstbewusstsein)

SELBSTBEWUSSTSEIN UND SELBSTWERTGEFÜHL SIND DIE SCHLÜSSEL, UM DICH SELBST WOHLZUFÜHLEN UND GUT DURCH DEIN LEBEN ZU KOMMEN. Mit einem gesunden Selbstbewusstsein und Selbstwertgefühl gehst du erhobenen Hauptes durch die Welt. Bei einem geringen Selbstbewusstsein und mangelndem Selbstvertrauen ist der Schlüssel hingegen in den Gully gefallen und du kommst nicht mehr dran.

Was also sind Selbstbewusstsein und Selbstwertgefühl? Es sind Gefühle und Einstellungen zu dir selbst, die dir zeigen, dass es okay ist, wie du bist, egal, was andere sagen. Du fühlst dich gut und weißt, dass du dich für nichts und niemanden ändern musst. Ein geringes Selbstwertgefühl kann entstehen, wenn andere sagen, dass du nicht okay bist, und du ihnen glaubst oder das deine eigenen Gedanken sind.

Mangelndes Selbstwertgefühl kann jeden treffen. Eine 2017 geführte Befragung in den USA ergab, dass vier von fünf Mädchen meinen, anderen gefallen zu müssen, und Angst davor haben, Fehler zu machen. Etwa die Hälfte aller transgender Menschen versuchen, sich das Leben zu nehmen, weil andere sie missverstehen und schlecht behandeln. Eine Studie aus Indien fand heraus, dass zugewiesen männliche Teenager, die unglücklich mit ihrem Körper sind, als junge Erwachsene vermehrt ein geringes Selbstwertgefühl haben und sich niedergeschlagen fühlen. Sogar Menschen mit starkem Selbstbewusstsein geraten ins Schleudern, wenn sie täglich angefeindet werden.

Hier ein paar der Gründe, warum sich Tweens und Teens minderwertig fühlen:

- **DER EIGENE KÖRPER:** Es kann schwer sein, sich im eigenen Körper wohlzufühlen, vor allem während der Pubertät, wenn er sich ständig verändert.
- **DIE EIGENE INTELLIGENZ:** Vielleicht kennst du jemanden, die*der in der Schule besser ist als du. Andere betonen das, weshalb du dich schlecht fühlst.
- **DAS FAMILIENEINKOMMEN:** Das kann besonders hart sein, denn eure Finanzen verantwortest du nicht und kannst sie auch nicht groß ändern.

Aber genug der schlechten Nachrichten, hier kommen die guten:

SELBSTVERTRAUEN und SELBSTACHTUNG BEGINNEN BEI DIR! UND DAS BEDEUTET, DASS DU SELBST ES IN DER HAND HAST, ETWAS ZU *verändern*.

Gelingt es dir, dich und deine Gefühle so auszudrücken, dass du dich gut fühlst? Oder möchtest du lieber alles verstecken, was dich und deine Identität ausmacht? Bist du stolz auf deinen Körper?

Trans* Tweens und Teens, die geschlechtsbezogene Änderungen vornehmen, indem sie etwa ihren Namen und/oder Pronomen und/oder ihr Aussehen und/oder ihre Kleidung verändern und/oder die andere Toilette benutzen, haben oft ein höheres Selbstwertgefühl. Vielleicht, weil sie nun mit dem Geschlecht leben können, dem sie sich tatsächlich zugehörig fühlen, und das ist richtig gut für das Selbstbewusstsein.

Probiere aus, ob dir eine dieser Methoden hilft, dein Selbstbewusstsein zu stärken:

SCHREIBE AUF HAFTNOTIZZETTEL, WAS DIR SELBST SCHWERFÄLLT ZU GLAUBEN. Das kann alles sein von „Ich habe schöne Augen“ bis „Ich bin gut im Fußball“. Klebe die Zettel rund um deinen Spiegel. Lies immer, wenn du hineinschaust, die wunderbaren Dinge über dich laut vor. Schau dir dabei in die Augen, damit du dir auch wirklich glaubst. Das ist anfangs etwas komisch, aber mit etwas Zeit und Übung wirst du immer besser werden und dir, hoffentlich, selbst glauben, was du sagst.

STÄRKE DAS SELBSTWERTGEFÜHL ANDERER. Im ersten Beispiel solltest du Sätze aufschreiben, die dich selbst stark machen. Schreibe jetzt solche auf, die *andere* stärken. Klebe Zettel an die Spiegel deiner Familie, deiner Freund*innen oder an Orte, wo wildfremde Menschen sie finden. Fühlt es sich nicht toll an, anderen zu helfen?

DENKE DARÜBER NACH, WOFÜR DU IN DEINEM LEBEN DANKBAR BIST UND WAS DICH GLÜCKLICH MACHT. Notiere es in einem Glückstagebuch und beschreibe in fünf bis sieben Sätzen, warum. Schließe dann deine Augen und denke einige Zeit über das, was du geschrieben hast und was dich daran glücklich macht, nach.

Bei diesen Übungen ist es die regelmäßige Wiederholung, die dir helfen wird, ein gesundes Selbstbewusstsein aufzubauen, übe also jeden Tag.

Nun magst du all diese Sachen über Selbstwertgefühl lesen und dir denken: *Aber was, wenn ich nichts Besonderes an mir finde?* Wenn das der Fall ist, dann sprich mit jemandem, dem du vertraust, und erzähle, wie es dir geht. Frage, was der Person an dir gefällt und warum. Schreibe das auf und nutze es als Sprungbrett!

EINFACH MEGA!

Es gibt fast nichts Besseres, als sich mit dir selbst wohlzufühlen und dich als die Person, die du bist, wertzuschätzen. Das ist vielleicht das schönste Gefühl der Welt!

EEEHM, IST DAS NORMAL?

Ich hab echt versucht, etwas Gutes an mir zu finden, aber da ist nichts. Dann habe ich meine Oma gefragt, aber was sie sagt, kann ich nicht glauben. Haben manche Menschen vielleicht einfach kein Selbstwertgefühl?

Jeder Mensch kann ein gutes Selbstwertgefühl haben, doch manchen fällt es schwerer, es zu erlangen. Wenn du Schwierigkeiten damit hast, dich gut zu fühlen und freundlich zu dir zu sein, dann sprich mit einem*r vertrauten Erwachsenen. Das könnte auch eine gute Lösung sein, wenn du durchaus an dich glauben willst, aber die Leute um dich herum dich fertigmachen, oder wenn du die guten Dinge, die andere über dich sagen, nicht annehmen kannst. Eine Vertrauensperson kann mit dir daran arbeiten, dass du sehen und glauben kannst, was für ein toller Mensch du bist.

Mein Freund erzählt ständig, wie gut seine Noten sind und wie toll er im Tennis ist. Ich erzähle nicht so gern von meinen Einsen und dass ich echt gut Hockey spiele. Habe ich nicht so viel Selbstbewusstsein wie er?

Überhaupt nicht. Stell dir folgende Szene vor: Eure Lehrerin bespricht mit euch die Hausaufgaben. Du bemerkst, dass du alles richtig hast. Sie fragt in die Runde, ob jemand alle Lösungen gefunden hat. Was machst du?

(A) hebst du die Hand, lächelst und rufst: „Ja, ich! Ich hab alles richtig!"? Oder (B) hebst du die Hand und lächelst schweigend?

Dein Freund scheint zu Kategorie (A) zu passen, aber du eher zu (B). In beiden Fällen ist jemand stolz, alles richtig beantwortet zu haben, lächelt und hat keine Angst, vor der Klasse und der Lehrerin die Hand zu heben. Im Fall (B) reicht das dann auch. Warum? Weil das alles ist, was die Person tun möchte. Wenn sie zufrieden ist, dann ist alles gut. Behältst du deine Leistungen für dich, fühlst dich aber gut dabei, dann ist das ebenfalls gut. Solange man sich selbst und andere achtet, ohne jemanden herabzuwürdigen, ist alles in bester Ordnung.

MOMENT MAL, IM ERNST JETZT?

Je mehr, desto besser

Es ist möglich, in einigen Bereichen selbstsicher zu sein und in anderen überhaupt nicht, zum Beispiel in der Schule. In einer Studie wurden US-amerikanische Studierende über ihren Matheunterricht in der Schulzeit befragt und wie sie sich dabei gefühlt haben.
Jene mit Lehrer*innen, die viel mit ihnen geübt haben, berichteten seltener über Ängste. Das regelmäßige Üben hat dazu geführt, dass sie Ängste überwinden und Selbstbewusstsein aufbauen konnten, so wurden sie in dem Fach besser.
Das gilt auch für die Selbstbewusstseinsübungen in diesem Kapitel: Je häufiger du übst und dich lobst, desto besser wirst du! Vergiss nie: Nur du bist DU! Dich gibt es nur einmal auf der Welt und das ist wunderbar!

KAPITEL 14

Niemand mag mich

(Alles über Mobbing)

Mobbing ist schrecklich. Manche denken, Mobbing sei das Gleiche wie jemanden ein bisschen zu ärgern, aber es geht viel, viel tiefer.

Manche Täter*innen mobben ganz offen vor ihren Opfern, andere hinter ihrem Rücken. Wie das geht? Nun, wenn Glenda und du euch trefft, während Oskar zu Hause ist, und Glenda sagt etwas Schreckliches über Oskar, kann ihn das verletzen, obwohl er gar nicht da ist? Antwort: Ja! Glenda ist eine Mobberin, weil sie Gerüchte verbreitet.

Es gibt viele verschiedene Arten, wie jemand gemobbt werden kann. Die Peinigung kann körperlich sein, etwa durch Schubsen, Schläge oder Stöße. Dem Opfer können hässliche Sachen ins Gesicht gesagt oder hinter seinem Rücken oder sogar im Internet verbreitet werden. Es kann noch einen Schritt weitergehen und die Peiniger*innen beeinflussen durch üble Nachrede absichtlich, was andere über das Opfer denken sollen – wie Glenda in dem Beispiel –, oder streuen Lügen und Gerüchte. Es kann sogar so weit gehen, dass sie Besitztümer des Opfers zerstören.

Es gibt drei Arten, wie du auf das, was wir bislang besprochen haben, reagieren könntest:

1. Wen interessiert's? Ich mobbe, weil ich muss.

2. Ich erkenne viele der genannten Beispiele, weil ich selbst gemobbt wurde.

3. Ich denke, ich habe schon beobachtet, wie andere gemobbt wurden.

Egal, wie deine Antwort lautet, Mobbing betrifft dich sowohl jetzt als auch später im Leben.

Sollte dich vor allem Antwort 1 ansprechen, gibst du zu, ein*e Täter*in zu sein. Laut einer Studie aus den USA wirst du deshalb mit größerer Wahrscheinlichkeit keinen Schulabschluss machen und öfter in Kämpfe mit anderen verwickelt. Womöglich bist du auch gemein zu Menschen, die du liebst.

Antwort 2 bedeutet: Du wirst oder wurdest gemobbt. Das könnte heißen, dass du dich deprimiert fühlst oder Angstzustände hast, die sich auf deine Gesundheit und deine Noten auswirken können – mehr dazu in Kapitel 12 „Was ist in meinem Kopf los? (Alles über die psychische Gesundheit)". Fang aber nicht an zurückzumobben, denn das könnte dazu führen, dass du einmal Schwierigkeiten haben wirst, über längere Zeit deinen Job zu halten. (Auch das ergab eine Studie aus den USA.)

Findest du dich am ehesten in Antwort 3 wieder, dann meinst du vielleicht, dass dich Mobbing nichts angeht, aber das stimmt nicht. Wenn du beim Mobben zusiehst, ohne einzugreifen, ist es wahrscheinlicher, dass du anfängst, die Schule zu schwänzen (um nicht selbst Opfer zu werden oder um nicht dabei zuschauen zu müssen), und riskierst, Depressionen oder Panikattacken zu bekommen. (Klar, wieder eine Studie aus den USA.)

Wieso passiert Mobbing überhaupt? Dazu gibt es eine Menge Theorien und Ideen.

Eine besagt, dass sich Mobber*innen mächtig fühlen, wenn eine andere Person niedergemacht wird. Oftmals, weil sie in Bereichen ihres Lebens selbst gemobbt werden (zum Beispiel zu Hause) und sich anderswo weniger erniedrigt fühlen wollen. Sie wählen Situationen, denen ihr Opfer nicht entfliehen kann. Zeigt es Schwäche, indem es wegläuft oder traurig aussieht, fühlen sich Mobber*innen mächtig, weil sie die Lage unter Kontrolle haben, und machen immer weiter, um das Gefühl zu bewahren.

Mobber*innen greifen auch Leute an, die sie einfach nicht verstehen. Deswegen kann jede*r – wegen des Geschlechts, der Kleidung, des Essverhaltens oder, oder, oder … – zum Opfer werden. Mobber*innen legen Andersartigkeit als Schwäche aus und wollen, dass sich ihr Opfer schlecht fühlt.

Es mag helfen zu wissen, dass rund ein Drittel aller Kinder weltweit angeben, in der Schule Opfer von Mobbing zu sein. (Falls du gemobbt wirst, hast du es jemandem gesagt? Viele haben Angst, sich jemandem anzuvertrauen, deswegen könnte die tatsächliche Zahl noch viel höher sein.)

TIPPS RUND UMS MOBBING

EGAL OB DU MOBBST, GEMOBBT WIRST ODER ZUSCHAUST

RESPEKTIERE JEDE*N

Jede*r ist anders. Das ist einfach eine Tatsache und kein Grund zu mobben. Wirklich, keine zwei Menschen auf dieser Welt sind gleich. (Nicht einmal eineiige Zwillinge! Sie haben etwa unterschiedliche Fingerabdrücke.)
Wenn dich jemand anstiften will, beim Mobben mitzumachen, sag deutlich *NEIN* und dass du keine Lust hast, anderen wehzutun.
Wenn du überlegst, jemanden zu mobben – tu es nicht! Tu stattdessen etwas anderes. Sprich mit einer Vertrauensperson oder schreibe auf, was dich im Augenblick so traurig oder wütend macht.
Wenn du schon mal jemanden gemobbt hast, dann entschuldige dich bei der Person und erkläre, warum du es getan hast. Auch wenn es schon lange her ist, kann es der Person guttun zu wissen, dass du dich geändert hast, und dabei helfen zu verstehen, warum du dich so verhalten hast.

R-E-S-P-E-K-T

SCHLAG NICHT ZURÜCK

Manche mögen glauben, dass wenn Mobber*innen Schwächen suchen, es gut wäre, zurückzuschlagen und so Stärke zu zeigen. Das stimmt nicht. Gewalt ist nie die Lösung und wenn du zurückmobbst, bist du kein Stück besser und begibst dich in einen endlosen Teufelskreis. Geh stattdessen weg und sprich mit einer erwachsenen Vertrauensperson.

!!!

SPRICH MIT EINER VERTRAUENSPERSON

Es kann schon helfen, dein Herz auszuschütten und den ganzen schrecklichen Kram mit jemandem zu teilen. Der*die Erwachsene deines Vertrauens kann dir Tipps geben, um das Problem zu lösen, oder selbst eingreifen und mit der Schule oder den Eltern deiner Peiniger*innen sprechen.

Diese Unterstützung zeigt dir, dass du dich auf diese Person echt verlassen kannst. Kinder, die von ihren Sorgeberechtigten unterstützt werden, haben ein geringeres Risiko, zu mobben oder gemobbt zu werden. Erzähle ihnen also, was bei dir los ist, und arbeite an eurer Kommunikation. Das kann deine Situation wirklich verbessern.

SEI EIN*E VERBÜNDETE*R

Wenn du mitbekommst, dass jemand gemobbt wird, dann sprich mit einem*r Erwachsenen darüber, besonders wenn es in der Schule passiert. Auch wenn es außerhalb stattfindet, aber Leute darin verstrickt sind, die mit dir zur Schule gehen, sollten dein*e Lehrer*in oder dein*e Direktor*in helfen und mit den Täter*innen sprechen.
Sei freundlich zu der gemobbten Person. Es hilft ihr ungemein, wenn du dich zum Beispiel im Bus zu ihr setzt, vielleicht freundet ihr euch ja sogar an?

EINFACH MEGA!

NICHTS. ABSOLUT NICHTS IST MEGA AN MOBBING. ES IST GRAUSAM UND SCHRECKLICH. DAS STEHT IN GROSSBUCHSTABEN, DAMIT DU ES LAUT UND DEUTLICH LIEST. MOBBING IST MIES. PUNKT.

Weißt du aber, was mega ist? Menschen zu helfen, die gemobbt werden, und dich gegen Mobbing an deiner Schule einzusetzen. Wenn mehr Leute sein können, wie sie möchten, ohne deswegen geärgert zu werden, ist das definitiv super!

SCHWEDEN

WAS GEHT AB ... IN SCHWEDEN?

Mehr Respekt für alle!

Traurigerweise gibt es Mobbing überall auf der Welt. Umfragen haben ergeben, dass in Österreich am häufigsten und in Schweden am seltensten gemobbt wird. In einem 2015 erstellten Bericht wurde festgestellt, dass in Schweden nur etwa vier Prozent der Jungen zwischen elf und 15 Jahren mindestens zweimal in einem Zeitraum von zwei Monaten gemobbt wurden. Das bedeutet nicht, dass es deswegen weniger schlimm ist! Die schwedischen Kinder, die gemobbt werden, leiden auch Jahre später an Gesundheitsproblemen und geringem Selbstwertgefühl. Die Vorwände für das Mobbing? An erster Stelle Behinderungen oder Krankheiten, gefolgt von Übergewicht und einem Migrationshintergrund. Wie viel schöner wäre es auf unserem Planeten, würden weltweit mehr Tweens und Teens andere einfach akzeptieren!

EEEHM, IST DAS NORMAL?

Ich werde ständig gemobbt und habe nicht das Gefühl, mit irgendwem darüber sprechen zu können. Ich will gar nicht mehr zur Schule gehen oder mit dem ganzen Mist zu tun haben. Was soll ich nur tun?

Auch wenn du es dir nicht vorstellen kannst: Sprich mit einem*r Erwachsenen! Wenn zu Hause niemand ist, wende dich an eine Vertrauenslehrerin in der Schule oder einen anderen Lehrer, dem du vertraust. Lass dich nicht davon abschrecken, wenn du mehrere Anläufe benötigst, bis dir jemand zuhört, und bleib dran!

Du kannst auch die **Nummer gegen Kummer 116 111** anrufen. Für mehr Informationen guck mal in Kapitel 12 „Was ist in meinem Kopf los? (Alles über die psychische Gesundheit)“ nach.

Und ob du es glaubst oder nicht, auch Hausärzt*innen können dir in dieser Situation weiterhelfen! Wie ebenfalls in Kapitel 12 erwähnt, heilen sie nicht nur deine körperlichen Leiden, sondern unterstützen dich auch in seelischer Not.

MOMENT MAL, IM ERNST JETZT?

Keine Macht dem Fernsehen!

Du hast manches, das dich später im Leben beeinflusst, einfach nicht in der Hand. Wenn du zum Beispiel schon als zwei- bis fünfjähriges Kind viel Fernsehen geguckt hast, sogar Inhalte mit viel Gewalt, ist die Wahrscheinlichkeit für dich, andere zu mobben, ungleich höher. Die Wissenschaft ist sich nicht sicher, ob Kinder, die zu Mobber*innen werden, gewaltverherrlichende TV-Formate einfach gern anschauen oder ob sie durch den frühen Einfluss dieser Bilder in ihrem Leben so werden. Auf jeden Fall hilft es am besten, den Fernsehkonsum zu reduzieren und ausschließlich altersgerechte Formate zu schauen. Wenn du dabei Hilfe benötigst, dann lies die Tipps und Tricks in Kapitel 16 „Wir hatten ja früher nur drei Programme … (Alles über Internetnutzung und Internetsucht)".

KAPITEL 15

Das ist alles so neu ...

(Alles über Verlieben, gegenseitiges Einverständnis, Belästigung und Missbrauch)

Im Laufe deiner Pubertät bemerkst du vielleicht mit einem Mal, dass andere Tweens und Teens süß sind. Vielleicht verknallst du dich in einen Schauspieler oder eine Sängerin. Auch wenn diese Gefühle neu sind, sind sie ganz normal.

Möglicherweise empfindet auch jemand anderes solche Gefühle für dich. Wohl eher nicht der Schauspieler oder die Sängerin, aber vielleicht eine Person, die du kennst oder triffst. Eventuell sagt sie Sachen wie „Ich mag dich" oder „Du bist süß". Vielleicht lächelt sie*er in deiner Gegenwart häufig und möchte so viel Zeit wie möglich mit dir verbringen. Manchmal gehen Freund*innen auf diese Weise miteinander um, andere drücken so ihre Verliebtheit aus.

Wenn du jemanden sehr magst, könntest du den Wunsch bekommen, die Person anzufassen oder zu **KÜSSEN**, also deine Lippen auf ihre zu pressen. Oder jemand will dich küssen. Dann musst du entscheiden, ob du das willst. Vielleicht wirst du aufgeregt oder nervös. All diese Gefühle sind ganz normal.

Egal, ob du jemanden küssen möchtest oder jemand dich küssen will, ihr müsst klären, ob ihr beide wirklich wollt, dass es passiert. Das nennt man **GEGENSEITIGES EINVERSTÄNDNIS**.

Wenn ein Freund erzählt, dass er seinen Stift vergessen hat, kannst du sagen: „Ich habe zwei, willst du einen haben?" Wenn er „Das wäre großartig!" antwortet, lächelt und seine Hand ausstreckt, weißt du, dass er dein Angebot annehmen möchte.

Dieses Einverständnis braucht man auch für Körperkontakt. Wenn eine Person, die du magst, fragt: „Darf ich dich küssen?", kannst du sagen: „Ja." Du musst auch *zeigen,* dass du es gern möchtest, zum Beispiel mit einem Lächeln. Wenn ihr beide zu 100 Prozent zustimmt, besteht euer gegenseitiges Einverständnis.

Umgekehrt ist es genauso. Wenn du jemanden fragst: „Darf ich dich küssen?", und diese Person sagt *Ja,* zeigt aber, dass sie sich nicht wohlfühlt, indem sie dir nicht in die Augen schaut, unsicher klingt oder irgendwas anderes tut, das zeigt, dass etwas nicht stimmt, dann hast du nicht ihr Einverständnis.

Sage in diesem Fall etwas wie: „Wenn du nicht willst, ist das okay. Ich küsse dich nur, wenn du ganz sicher bist." So kann die*der andere erklären, warum sie*er nicht möchte. Oder, weil du ihr*ihm dabei hilfst, gesehen und verstanden zu werden, fühlt sie*er sich vielleicht wohler in deiner Gegenwart und möchte dich auch gern küssen. Aber! Einverständnis besteht erst, wenn die Person etwas wie „Ich bin mir sicher" sagt und es auch so meint.

Aber was, wenn dein Freund, statt dich zu fragen, einfach deinen Stift schnappt? Wenn du ihm nicht dein Einverständnis gegeben und ihm den Stift nicht einmal angeboten hast? Das ist nicht in Ordnung!

Erst recht nicht bei körperlichen Dingen! Es ist nicht okay, jemanden ohne Erlaubnis und ohne Einverständnis zu küssen. Es ist nicht in Ordnung, jemanden zu küssen, wenn die Person zeigt und/oder sagt, dass sie das nicht will. Das nennt man **BELÄSTIGUNG**. Vielleicht sagt jemand etwas zu dir oder fasst dich in einer Weise an, die dir nicht gefällt. Wenn dir jemand körperliche oder sexuelle Aufmerksamkeit gibt, ohne dass du deine Zustimmung oder dein Interesse gezeigt hättest und das nicht willst, ist das **sexuelle Belästigung**.

Belästigung hat viele Formen und sie kann durch alle geschehen, die du kennst, oder durch Fremde! Sag laut und klar *NEIN!,* wenn du unsicher bist, ob du etwas willst, und vor allem, wenn du es ganz sicher *nicht* willst. Hab keine Angst, dein Gegenüber zu verletzen.

AUCH DAS SIND FORMEN VON

BELÄSTIGUNG:

JEMAND MACHT UNANGEBRACHTE **WITZE** ÜBER DICH.

JEMAND VERBREITET **Klatsch** ODER **Lügen** ÜBER DICH.

JEMAND SCHREIBT ONLINE ETWAS ÜBER DEIN **AUSSEHEN**.

JEMAND WILL SICH **IMMER WIEDER** MIT DIR TREFFEN, OBWOHL DU KLARGESTELLT HAST, DASS DU **NICHT INTERESSIERT** BIST.

JEMAND **KÜSST** ODER **BERÜHRT** DICH ODER FORDERT DICH ZU BERÜHRUNGEN AUF, OBWOHL DU DAS NICHT WILLST ODER SOGAR **NEIN** GESAGT HAST.

Belästigung mag unschuldig erscheinen, *aber das ist sie nie!* Sie ist ungesund und unfair denjenigen gegenüber, die sie erleiden müssen. Wenn du dich belästigt fühlst, sprich sofort mit einem*r vertrauten Erwachsenen. Erzähle genau, was los ist und wie lange es schon läuft.

Wenn jemand dir Schmerzen oder Verletzungen zufügt und/oder Gewalt anwendet, wird Belästigung zu **MISSBRAUCH**. Egal, ob einmal oder häufiger: Es ist *immer* Missbrauch! Wenn dich jemand missbraucht, rufe den Notruf der Polizei **110**. Denn Missbrauch ist ein Verbrechen. Oder wende dich kostenlos an die **Nummer gegen Kummer 116 111** oder dein örtliches **Jugendamt**.

Manchmal ist Missbrauch nicht körperlich, sondern seelisch und du spürst ihn mit deinen Gefühlen und deiner Psyche. **EMOTIONALER** oder **PSYCHISCHER MISSBRAUCH** kann genauso schmerzhaft sein wie physischer. Diese Form des Missbrauchs kann sich darin zeigen, dass dich jemand erniedrigt oder manipuliert. Wer dich missbraucht, droht dir, macht dir Angst, benutzt dir gegenüber eine respektlose und verletzende Sprache, ignoriert dich oder gibt dir das Gefühl, ganz allein zu sein. Das kann dein Selbstbewusstsein und deine Selbstachtung schwer beschädigen.

Wenn du durcheinander bist und nicht weißt, ob das, was du tust oder dir angetan wird, eine Form von Belästigung oder Missbrauch ist, oder wenn du wissen möchtest, wie es sich anfühlt, jemanden auf gute Weise zu mögen und das zu zeigen, dann bietet zum Beispiel der Verein **pro familia** Beratung an. Hier findest du Hilfe per Telefon oder online zu Fragen rund um Partnerschaft, Sexualität und Beziehungen. Besuche **www.trau-dich.de**, wenn du mehr über deine Rechte wissen willst. Informationen rund um Themen wie Kinderschutz, sexuelle Belästigung, Übergriffe, Gewalt und mehr bietet die **Bundeszentrale für politische Bildung: www.bzga.de/was-wir-tun/praevention-von-sexuellem-missbrauch**.

EINFACH MEGA!

Wenn eine Person dich respektiert und nur das macht, womit du einverstanden bist, zeigt das, wie gern sie dich hat und sich um dich sorgt. Und dich zu verlieben ist wunderbar, um herauszufinden, auf wen du stehst und mit wem du vielleicht mal eine Beziehung haben möchtest.

EEEHM, IST DAS NORMAL?

Was, wenn ich mich in jemanden verknalle, die*der mich nicht genauso gern mag?

Uff, das ist echt hart. Es ist für niemanden leicht, wenn die eigenen Gefühle nicht erwidert werden. Vielleicht kannst du mit der Person befreundet sein und so Zeit mit ihr verbringen.
Wirklich lieben solltest du aber jemanden, die*der für dich genauso empfindet. Wenn dich also eine Person nicht auf die Art mag wie du sie, ist das okay, denn es wird jemanden geben, die*der das tut, und das ist echt großartig!

Ist es Missbrauch, wenn es ein Familienmitglied macht oder jemand, mit dem man eine Beziehung führt?

Ja! Egal durch wen, wenn man dir gegenüber Gewalt ausübt oder dich zu etwas zwingt, ist das Missbrauch. Ruf **die Polizei unter 110** oder die **Nummer gegen Kummer 116 111** an und hol dir Hilfe. Dich trifft keine Schuld!

Okay, egal wie oft, Missbrauch ist Missbrauch. Aber ist es auch schon Belästigung, wenn es nur einmal passiert?

Ja. Es geht nicht um die Häufigkeit, sondern um das *Was*. Wenn irgendjemand dich irgendwie behelligt, ist das Belästigung.

VOR GAR NICHT SO LANGER, LANGER ZEIT

Du und #MeToo

2017 wurden Männer in hohen Positionen aus der Film- und Fernsehbranche wegen sexueller Belästigung und Missbrauch verklagt und verurteilt. Mutige Frauen und Männer waren an die Öffentlichkeit getreten und hatten erzählt, was sie durch diese Männer erleiden mussten. Unter dem Hashtag #MeToo lösten sie eine weltweite Debatte über das Thema aus. Auf sozialen Plattformen teilten sie ihre Geschichten und entlarvten jene, die sie belästigt und missbraucht hatten. Was inzwischen als #MeToo-Bewegung bekannt ist, wurde bereits 2006 von Tarana Burke für Opfer von sexueller Belästigung und Missbrauch, allen voran afroamerikanischen Mädchen und Frauen, gegründet, um ihnen beim Heilen zu helfen.

MOMENT MAL, IM ERNST JETZT?

Entspann dich!

Es ist ganz normal, als Tween oder Teen verknallt zu sein, aber keine Beziehung zu haben. Fast 100 Prozent der Elf- und Zwölfjährigen sind noch nie oder selten mit jemandem gegangen. Mit zunehmendem Alter steigt diese Zahl, aber es gibt auch Teens, die noch nie eine feste Beziehung hatten. Drei von vier 13- bis 14-Jährigen und etwa die Hälfte der 15- bis 16-Jährigen daten selten oder nie. Also, keine Panik, egal, ob es noch etwas dauert oder du nie willst. Du bist ganz gewiss nicht allein.

KAPITEL 16

Wir hatten ja früher nur drei Programme …

(Alles über Internetnutzung und Internetsucht)

Die Unterhaltungselektronik hat sich in kürzester Zeit rasant entwickelt. Deine Großeltern hatten nur drei Fernsehprogramme und die Computer, welche die NASA in den 1960er-Jahren für ihre Apollo-Missionen nutzte, sind weniger intelligent als ein iPhone aus dem Jahr 2018.

Meinst du aber, besonders schlau zu werden, wenn du möglichst viel Zeit im World Wide Web verbringst (und dass es harmlos sei), sollten wir uns ganz fix über deine Internetnutzung unterhalten.

Falls du dich jetzt auf dein Teenager-Ross schwingst und rufst: „Hey, entspann dich, das Internet ist nicht nur schlecht!", dann ja: Das Internet ist nicht nur schlecht. (Du hast richtig gelesen. Ich stimme dir zu!)

Tatsächlich hat das Netz echt starke Seiten und die Technik hat unglaubliche Fortschritte gemacht. Es gibt viele Webseiten, auf denen du Inspirationen findest oder dich kreativ austoben kannst. Andere bieten lustige Spielideen oder tolle Lernoptionen.

Aber wenn du sagst, dass das Internet großartig sein kann, musst du zugeben, dass auch das Gegenteil existiert.

MOMENT MAL, IM ERNST JETZT?

Kein Zuhause ist wie das andere

Viele Kinder können dank ihrer Smartphones immerzu online sein, doch das gilt längst nicht für alle. Weltweit 346 Millionen Kinder haben keinen Zugang zum Internet. Auch in Deutschland leben Kinder ohne Internetzugang, PC oder Tablet und können deswegen zum Beispiel nicht für ihre Hausaufgaben recherchieren. Sie gehen dafür an öffentliche Plätze mit Internetzugang wie Bibliotheken und Internet-Cafés oder nutzen sogenannte „Hotspots" im Stadtraum mit ihrem Handy. Wenn jemand in deiner Klasse keinen Internetzugang hat, lade sie*ihn doch zu dir ein und schlage zwei Fliegen mit einer Klappe: Ihr erledigt eure Hausaufgaben und schließt vielleicht Freundschaft!

Lass uns darüber reden, warum viele Erwachsene nicht begeistert sind, wenn sich ihre Kinder im Internet tummeln: Es gibt keine Altersempfehlungen! Sagen wir, du bist zehn Jahre alt und fragst deine Tante: „Darf ich mir diesen Horrorfilm anschauen?", und hältst ihr dabei die DVD-Hülle unter die Nase, dann sieht sie sofort, dass er erst ab 18 Jahren freigegeben ist. Sie wird lächeln und sagen: „Nein. Frag in acht Jahren wieder nach." Die Altersempfehlung macht es ihr leicht einzuschätzen, ob du den Film sehen solltest oder nicht. Auch Videospiele, Musik und Bücher haben eine Altersempfehlung und werden als „Kinder- und Jugendmedien" markiert. So können Erwachsene entscheiden, was deinem Alter angemessen ist und was nicht.

Das Internet kennt keine Altersempfehlungen. Eine Internetseite, die auf den ersten Blick wie eine Lernplattform aussieht und von der deine Tante vielleicht denkt: „Sieht gut aus, die scheint geeignet für Zehnjährige“, kann mit Seiten verknüpft sein oder ein paar Klicks weiter zu solchen führen, die echt nicht für Kinder geeignet sind. (Mehr dazu gleich.)

Ja, so schnell kann es gehen. Davor, dass du in Sekunden von irgendeinem Gerät und jederzeit auf Seiten mit erschreckenden Bildern und Inhalten landen kannst, wollen dich die Erwachsenen schützen.

Deshalb kontrollieren sie, was du im Internet machst, indem sie deine Chronik und deine Lesezeichen checken und Programme installieren, die bestimmte Seiten blockieren. Bis du 18 bist, müssen sie das sogar, denn sie passen auf dich auf und haften für das, was du tust. Doch ganz so einfach ist es nicht. Eine Seite kann altersgerechte Inhalte haben und zugleich welche, die alles andere als geeignet für dich sind. Zack, schon wird es schwierig mit dem Blockieren.

Was du tun kannst? Es läuft alles auf eine offene und ehrliche Kommunikation raus. Deine Tante kann dir nur schwer vertrauen, wenn sie dich im Internet surfen lässt und herausfindet, dass du auf Seiten warst, die nur für Erwachsene sind, und das verheimlicht hast. Wenn du aber ihrer Bitte folgst und ehrlich bist, werdet ihr offen darüber sprechen können, warum sie nicht will, dass du bestimmte Seiten besuchst. Auch dir kann es helfen, sie zu verstehen. Und solltest du aus Versehen auf solchen Seiten landen, wird es dir leichter fallen, darüber zu sprechen und zu verarbeiten, was du gesehen hast. Gegenseitiges Vertrauen und Ehrlichkeit werden euer Verhältnis stärken.

Aber was sind denn solche uneindeutigen Webseiten, die wie eine Medaille mit zwei Seiten sind und aus denen man nicht so richtig schlau wird, weil sie zugleich toll und schrecklich sein können?

Soziale Netzwerke sind ein Beispiel. Positiv ist, dass sie Leute verbinden, die sich sonst vielleicht nie begegnet wären. Du bekommst einen kleinen Einblick in das Leben von Berühmtheiten oder anderen coolen Leuten und kannst zeigen, was du gern magst und was in deinem Leben abgeht.

Aber dann ist da eben auch die negative Seite: Menschen, die du sonst nie getroffen hättest, können dich finden, beeinflussen und ausnutzen. Zum Beispiel „Influencer*innen": Sie bekommen Geld dafür, dass sie Produkte zeigen und Wünsche wecken, die es sonst vielleicht nicht gäbe. Die Einblicke, die dir Berühmtheiten gewähren, sind nur Ausschnitte. Das bedeutet nicht zwangsweise, dass alles gelogen ist, was sie dir zeigen (wobei auch das sein kann), du bekommst aber nicht das ganze Bild und wirst sie niemals wirklich kennenlernen. Niemand sollte im Netz sein ganzes Leben zeigen, auch du nicht!

Lass uns jetzt über die abscheulichen Seiten des Internets reden.

Erstens: Trolle. Die haben nichts mit den Wesen aus dem DreamWorks-Film zu tun. Trolle sind Menschen, die online furchtbare und verletzende Dinge tun oder sagen, um anzugreifen und Probleme zu verursachen. Wenn du denkst: „Das ist schlimm, hat aber doch nichts mit mir zu tun …", hier eine schlechte Nachricht: Alle können so bedrängt werden, dass sie zum Troll werden, das hängt oft nur von der Tagesform ab.

Anders gesagt: Jemand postet etwas ganz Unschuldiges und dann macht eine andere Person, die gerade schlechte Laune hat oder einfach gern Ärger macht, einen grausamen Kommentar. Das kann einen Sturm an üblen Kommentaren auslösen, einen sogenannten **SHITSTORM**. Der*die erste Poster*in versteht gar nicht, was geschieht, und sagt dann vielleicht selbst fiese Sachen. So eskaliert das Ganze immer weiter.

Zweitens: Die Scherben des Internets. Natürlich geht im Internet selbst nichts zu Bruch, aber *du* kannst seelisch (und körperlich) „zerbrechen", wenn du an Falschinformationen oder sexualisierte Inhalte für Erwachsene gerätst oder abhängig vom Internet wirst.

So kann das Internet dich „zerbrechen":

DU MEIDEST DAS „ECHTE LEBEN", UM DEINER INTERNETSUCHT NACHZUGEHEN. Wenn du die Schule schwänzt und deine Leistungen abfallen, weil du nicht lernst und keine Hausaufgaben machst, um mehr Zeit online zu verbringen, wenn du darüber lügst, wie viel Zeit du im Netz verbringst, und damit Problemen im analogen Leben aus dem Weg gehen willst, könnten das Anzeichen für eine Internetsucht sein.

DU DENKST, ALLE IM NETZ SIND EHRLICH. Je öfter du **Fake News**, also ungenau recherchierte oder falsche Nachrichten oder Verschwörungstheorien, liest, desto eher wirst du ihnen glauben. Genau wie bei einem notorischen Lügner weißt du einfach nicht, was wahr ist und was gelogen. Im Internet kann man so leicht sagen und schreiben, was man will, dass per Klick Meinungen statt Fakten produziert werden. Nicht nur von echten Menschen, sondern auch von **Bots**, also Programmen, die gezielt Meinungen verbreiten.

ES MACHT DIR FALSCHE VORSTELLUNGEN DAVON, WIE SEXUELLE PRAKTIKEN AUSSEHEN. Merke dir: Solche Seiten sind nur für Erwachsene. Auch wenn du auf sie zugreifen kannst, weil es keinen Filter gibt oder du ihn umgehen kannst, solltest du sie meiden. Viele Kinder sind neugierig und wollen verstehen, wie Geschlechtsverkehr so abläuft, und es mag wirken, als ob pornografische Seiten ein guter Ort sind, um dabei zuzuschauen. Aber was dort passiert, ist reine Show! Ja, die Leute haben Sex miteinander, aber es sind fiktionale Filme: Schauspieler*innen führen etwas auf und aus. Das soll zwar echt aussehen, ist aber nur gespielt und sehr stark übertrieben. Solche Seiten sind also nicht nur völlig ungeeignet für dich, sondern vermitteln auch eine ganz falsche Vorstellung davon, wie Geschlechtsverkehr im echten Leben abläuft, und das kann dir wirklich schaden.

Alles in allem ist das Internet also ein komplett durchmischter Ort. Eine Möglichkeit, nicht dran „zu zerbrechen", ist, es lediglich als eine von vielen Informationsquellen zu nutzen. Du kannst Seiten besuchen, die dir Spaß machen, solange du auch andere Dinge tust. Verdreh jetzt nicht die Augen, aber, ja, geh doch mal raus! Geh in den Park oder fahr eine Runde Fahrrad. Lerne ein Musikinstrument. Geh in die Bibliothek, um Bücher zu finden, die dich interessieren oder dir bei den Hausaufgaben helfen.

ODER SUCHE IM INTERNET NACH IDEEN, WAS DU OFFLINE ALLES MACHEN KANNST! Das ist eine seiner coolen Seiten. Wenn dir nicht einfällt, was du ohne tun sollst, kann es dir weiterhelfen!

EINFACH MEGA!

Es gibt haufenweise coole Webseiten, auf denen du kreative Ideen, Wissen und mehr findest. Hier eine kleine Auswahl:

1. **BLINDE-KUH UND FRAG.FINN:** Internetsuchmaschinen für Kinder zwischen sechs und zwölf Jahren: www.blinde-kuh.de und www.fragfinn.de
2. **LOGO:** für Kinder aufbereitete Nachrichten zu wichtigen und aktuellen Themen: www.zdf.de/kinder/logo
3. **KLEXIKON:** digitale Wissenssammlung für Jüngere in altersgerechter Sprache: www.klexikon.zum.de/wiki/Klexikon
4. **KINDERSACHE:** Informationen, Spiele und die Videoplattform Juki für Kinder zwischen acht und 13 Jahren: www.kindersache.de
5. **HANDYSEKTOR:** unabhängige Anlaufstelle für den digitalen Alltag mit Tipps, kreativen Ideen und Unterstützung, wenn es mal nicht so läuft: www.handysektor.de

EEEHM, IST DAS NORMAL?

Ich habe gesehen, dass Leute online fieses Zeug über meine Freundin schreiben. Was soll ich tun?

Cybermobbing ist eine schwerwiegende Sache und wenn du helfen möchtest, gibt es verschiedene Schritte, die du in dieser Situation gehen kannst. Der erste ist, deine Freundin zu informieren, denn vielleicht weiß sie es noch gar nicht. Mach ein Bildschirmfoto, einen „Screenshot", als Beweis für das, was gesagt wurde (falls die Täter*innen die fiesen Sachen löschen, um nicht überführt zu werden). Außerdem solltest du die Posts einer*m vertrauenswürdigen Erwachsenen zeigen und um Rat fragen. Er*sie kann einschätzen, was zu tun ist.

NORDKOREA

WAS GEHT AB … IN NORDKOREA?

Du dachtest, ein Tag ohne Internet sei das Ende?

Das nächste Mal, wenn du so richtig sauer bist, weil dein Vater dir das WLAN abdreht oder einen Filter installiert, halte kurz inne und freu dich, dass du überhaupt Internet hast. In Nordkorea können allein oberste Regierungsbeamt*innen das World Wide Web uneingeschränkt nutzen. Wissenschaftler*innen und Studierende haben nur Zugang zu einem durch die Regierung streng kontrollierten Netz. Die wenigsten Bürger*innen in Nordkorea haben eigene Computer und wenn sie in Bibliotheken und Büros online gehen, dann können sie nur auf ganz bestimmte, streng überwachte Seiten zugreifen und die Regierung verfolgt, wer was wann aufgerufen hat. Denn Nordkorea wird von einem Diktator beherrscht, der totale Kontrolle und Macht über sein Land und alle Bewohner*innen haben will. So schlimm ist Papa dann nun doch nicht!

KAPITEL 17

Alles auf dem Schirm?

(Alles über Bildschirmzeit und Lebenszeit)

Es ist wenig überraschend, dass die Zeit, die wir an Bildschirmen verbringen, rasch angestiegen ist, seit das Handy neben Telefon auch Kamera, Fernseher, Musikplayer und mehr ist.

Tweens und Teens zwischen acht und 18 Jahren verbringen im Schnitt acht Stunden vor Bildschirmen. Sogar Kinder zwischen null und acht Jahren kleben rund zweieinhalb Stunden davor. Die Bildschirmzeit nimmt mit dem Alter zu, denn je älter man wird, desto mehr Möglichkeiten hat man, die Freizeit selbst zu gestalten.

Vielleicht denkst du nun: „Und wo ist das Problem? Ist das jetzt schlimm, oder was?"

Ja, allerdings! Aus vielerlei Gründen.

Es gibt ein „Zuviel des Guten", vor allem, wenn es um den Konsum von medialen Inhalten und ihren Schaden geht. Wenn du vor einem Bildschirm hockst, ist es ziemlich unwahrscheinlich, dass du dich zugleich bewegst, und das kann zu Übergewicht führen.

FINNLAND

WAS GEHT AB … IN FINNLAND?

Nach Hause telefonieren …

Was denkst du: Welches Land hat weltweit den größten Verbrauch mobiler Daten? Finnland! Das Land ist hier die Nummer eins. Finnlands mobiler Datenverbrauch ist 14-mal höher als der von Italien, wo er mit am geringsten ist. (Tatsächlich liegt Italien hierbei vier Jahre hinter Finnland zurück!) Doch Finnland verschlingt die Daten nicht nur durch Handys. Im Durchschnitt verbrauchen die Finnen 16 Gigabyte mit internetfähigen Geräten wie Laptops und Tablets. Wie viel Zeit sie wohl vor Bildschirmen verbringen müssen, um so viel Volumen zu sammeln?

Wenn du einige Stunden vor einem Bildschirm gehangen hast, dann achte darauf, auch Zeit *ohne* zu verbringen. Geh raus in den Park und mach einen Spaziergang oder tanze durch dein Zimmer. Beweg dich einfach!

Bildschirme können dich ablenken, wenn du dich eigentlich supergut konzentrieren musst. Wenn du an den Hausaufgaben sitzt, aber zugleich Musikvideos auf deinem Handy guckst oder Freund*innen Nachrichten schickst, wird das **MEHRFACHAUFGABENPERFORMANZ** oder kurz „Multitasking“ genannt. Du führst also mindestens zwei voneinander unabhängige Aufgaben gleichzeitig oder abwechselnd in kurzen Zeitabschnitten aus. Und weil du deshalb nicht richtig fokussiert bist, kannst du dir eigentlich nichts richtig merken. Um die wirklich komplexen Themen im Leben zu verstehen, ist es wichtig, nicht nur „in der Breite“, sondern auch

„in der Tiefe" Bescheid zu wissen, also die Einzelheiten zu verstehen und sie sich zu merken. Du musst dich auf eine Sache konzentrieren und ihr deine ganze Aufmerksamkeit widmen. Außerdem dauert Multitasking sogar länger, als wenn du die Dinge nacheinander machst.

Ein weiteres Problem ist, dass Bildschirme deine Aufmerksamkeit so sehr vereinnahmen, dass du leicht süchtig nach ihnen werden kannst. Wenn eine oder mehr der folgenden Aussagen auf dich zutreffen, solltest du schnell mit einem*r vertrauten Erwachsenen sprechen. (Tausche die Wörter *Smartphone, Computer, Videospiele* oder *Fernseher* in den Beispielen gern einfach untereinander aus.)

DIE BILDSCHIRMZEIT REDUZIEREN

VERFOLGE DEINE NUTZUNGSZEIT

Hole irgendwelches Papier und Stifte, Hauptsache, du schreibst mit der Hand und tippst nicht. Schreibe oben: *Bildschirmzeit*. Ziehe eine Linie in der Blattmitte.

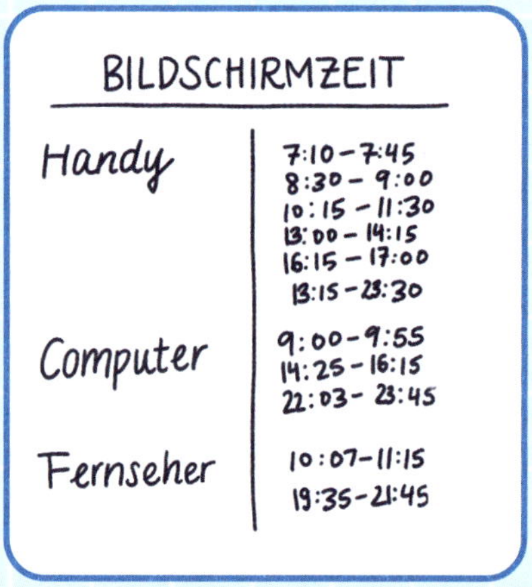

Achte auf zwei Dinge: (1) Schreibe in die eine Spalte, an welchen Arten von Bildschirmen du Zeit verbringst, und (2) in die andere, wann du mit der jeweiligen Bildschirmzeit anfängst und wann du aufhörst. Nimm für jeden Tag der Woche ein neues Blatt Papier.

WERTE DIE ERGEBNISSE AUS

Schau erst am Ende der Woche genau nach, denn sonst merkst du in der Zwischenzeit schon, wie viel Zeit du an Bildschirmen verbringst, und wirst versuchen, das sofort zu ändern. Ziel ist aber zu wissen, wie viel Zeit du tatsächlich vor Bildschirmen abhängst. Wenn du am Ende der Woche alles genau angeschaut und zusammengezählt hast, versuche, die Zeit an jedem Gerät etwas zu reduzieren, und fülle sie mit anderen Aktivitäten wie Lesen, Radfahren, mit deinem Haustier spielen … Versuche in Halbstundentakten, deine Bildschirmzeiten zu reduzieren. Wenn dir das schwerfällt, nimm Viertelstunden.

LASS ES SEIN

Bitte deine Erziehungsberechtigten um einen Wecker und lege dein Handy nachts nicht in dein Zimmer. So ist es nicht da, um dich beim Schlafen zu stören, und trotzdem hast du ein Gerät, das dich morgens weckt.

Leg das Handy in einen anderen Raum, wenn du deine Hausaufgaben machst. Lass es etwa in deinem Zimmer und setz dich an den Küchentisch. Wenn du dich in deinem Zimmer besser fokussieren kannst, dann stell das Handy stumm und pack es in den Schrank, sodass du es nicht siehst. Solltest du das Internet für Recherchen nutzen, sei stark und bleib auf den Info-Seiten.

SCHAFFE EINEN TECHNIKFREIEN RAUM

Verbann deinen Fernseher oder deine Spielekonsole aus deinem Zimmer. Spende, verkaufe oder verschenke sie. Das mag krass klingen, aber was nicht da ist, kann dich auch nicht ablenken. Wenn dir das zu heftig ist, dann stelle Computer und Co. außerhalb deines Zimmers auf. Nur mach es wie beim „Lass es sein"-Tipp: Je schwerer der Zugang zu den Geräten ist, desto weniger wirst du sie nutzen und dich von ihnen ablenken lassen. Außerdem kann deine Familie so ein Auge darauf haben, wie oft du sie benutzt, und dir helfen, deinen Konsum zurückzufahren.

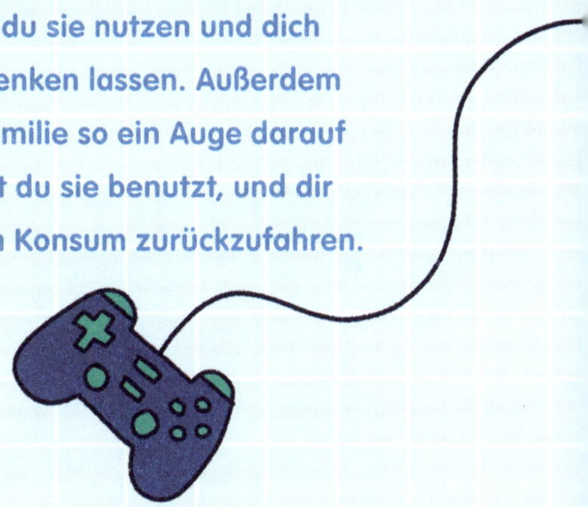

BITTE UM HILFE

Wenn es dir schwerfällt, dir allein Limits zu setzen, bitte eine*n Erwachsene*n in deinem Haushalt um Hilfe. Sie*er kann dir Zeiten vorgeben, um deine Gewohnheiten allmählich zu verändern. Wenn du so jemanden zu Hause nicht hast, suche dir eine*n vertrauenswürdige*n Erwachsene*n in deinem Umfeld.

EINFACH MEGA!

Es ist ziemlich nice, dass wir diese ganze Technik ständig zur Hand haben. Weniger nice ist, dass deine Hände dabei vergessen, wie sich Gras anfühlt. Technik und Bildschirmzeit sind am coolsten, wenn sie in einem ausgeglichenen Verhältnis zum „echten" Leben stehen, also Zeiten in der Natur und mit anderen Menschen. Mit deinen Freund*innen im Park abhängen UND abends mit deiner Familie einen Film gucken? Das wäre eine gute Balance!

EEEHM, IST DAS NORMAL?

Ich liebe mein Smartphone und meinen Laptop! Ich chatte mit meinen Freund*innen, schaue Serien und mache meine Hausaufgaben. Muss ich diese ganze Zeit wirklich komplett mit Schwimmen oder so tauschen?

Natürlich musst du nicht deine ganze Bildschirmzeit mit anderen Aktivitäten ersetzen. Es ist sehr unwahrscheinlich, dass dein*e Lehrer*in die Ausrede „Aber das Pubertätsbuch hat gesagt, ich soll in den Park gehen" akzeptieren wird, wenn du deine Hausaufgaben nicht machst.

Reduziere nicht die Bildschirmzeit, die du konzentriert mit Recherchen und Hausaufgaben verbringst, sondern jene in deiner Freizeit! Die EU-Initiative **klicksafe.de** empfiehlt bis zu 60 Minuten täglich für Kinder von zehn bis 13 Jahren. Aber auch danach solltest du deinen Medienkonsum genau beobachten. Baue jeden Tag mindestens eine Stunde Bewegung und Begegnungen in deinen Alltag ein.

Letztlich haben die für dich verantwortlichen Erwachsenen das letzte Wort. Wenn du zwei Stunden für deine Hausaufgaben am PC warst, dabei aber immer wieder YouTube-Clips geguckt hast, könnten sie beschließen, dass es das für heute war.

MOMENT MAL, IM ERNST JETZT?

Mehr Bildschirm, mehr Probleme …

Wenn du dir beim Lesen dieses Kapitels gedacht hast: „Ich häng ja gar nicht acht Stunden am Tag am Bildschirm, aber ich werde sicher nicht auf eine Stunde zurückschrauben", dann solltest du mal einen Blick in deine Zukunft werfen. Lass uns schauen, wie zum Beispiel Bildschirmzeit und psychische Gesundheit zusammenhängen. 14- bis 17-Jährige, die mehr als sieben Stunden am Tag vor Bildschirmen verbringen, entwickeln mit einer doppelt so großen Wahrscheinlichkeit Angstzustände und Depressionen wie jene mit nur einer Stunde und weniger. Selbst Teenager, die „nur" vier Stunden an Handy und Co. hängen, entwickeln mit größerer Wahrscheinlichkeit Psychosen als jene mit deutlich weniger Zeit. Auch fällt es ihnen schwerer, bei Kritik ruhig zu bleiben, und sie streiten häufiger mit den Erwachsenen in ihrem Umfeld. Ja, nutze deine Geräte, aber mit Bedacht und nicht so lang! Dein zukünftiges Selbst und die Menschen, die dich lieben, werden es dir danken.

KAPITEL 18

Moment mal, da ist noch mehr?

(Alles über noch mehr aus Wissenschaft und Forschung!)

So gut wie jedes Kapitel in diesem Buch hat eine „Moment mal, im Ernst jetzt?"-Rubrik. Und zwar deswegen, weil ich zur Recherche wahnsinnig viele spannende Studien gelesen habe, die ich mit dir teilen wollte. Aber es waren **SO VIELE,** dass ich auswählen musste, welche zu welchem Thema in welches Kapitel durften. (Das ganze Buch umfasst knapp 50 Studien!)

Wenn dich wissenschaftliche Studien und ihre spannenden Ergebnisse faszinieren, dann ist dieses Bonus-Kapitel für dich. Erfahre noch mehr über Bildschirmzeit, Menstruation, Belästigung und Missbrauch, Selbstvertrauen und Schlaf und *ganz viel* über Ernährung.

KEIN SPORT?

In der Einleitung „Wie sich dein Körper verändert und was das mit der Zahnfee zu tun hat" hast du gelesen, dass der Zeitpunkt für das Wachstum deiner bleibenden Zähne davon abhängt, wann deine Milchzähne durchgestoßen sind. Nun, Wissenschaftler*innen haben herausgefunden, dass es bei Jugendlichen zugewiesen männlichen Geschlechts und ihrer Pubertät noch andere Auswirkungen gibt: Jene, deren Pubertät früher beginnt, nutzen bildschirmunterstützte Geräte im späteren Leben weniger intensiv als jene, die später in die Pubertät kommen. Wissenschaftler*innen nennen das einen „sportlichen Nachteil", denn wer später pubertiert, hatte auch noch keinen Wachstumsschub. Statt also sportlicher Aktivitäten, für die ein großer Körper mit starken Muskeln gebraucht wird, wählen sie lieber Fernsehen und Co. Das kannst du ändern! Lass nicht deine Körpergröße bestimmen, was du tust! Mach, worauf du Lust hast! Treib Sport!

NOCH MEHR MENSTRUATIONSBESCHWERDEN

Weißt du, was die am häufigsten auftretende Krankheit unter Jugendlichen egal welchen Alters ist? **MIGRÄNE. Das ist wie Kopfschmerzen mal tausend.** Dein Kopf tut tierisch weh, du bist licht- und geräuschempfindlich, dir kann so übel sein, dass du dich übergeben musst, und du fühlst dich einfach sehr schwach. In typischer „Moment mal, im Ernst jetzt?"-Manier haben Forscher*innen herausfinden wollen, ob die Migräneanfälle bei Jugendlichen zugewiesen weiblichen Geschlechts mit der Pubertät zunehmen. Erwachsene zugewiesen weiblichen Geschlechts bekommen nämlich mit dreimal größerer Wahrscheinlichkeit Migräne als jene zugewiesen männlichen Geschlechts. Eine Studie ergab, dass Personen zugewiesen weiblichen Geschlechts mit dem Beginn der Pubertät dreimal häufiger Migräneanfälle bekommen als vorher, dass die Anfälle vermehrt während ihrer Periode auftreten und das am häufigsten in den ersten Tagen des Menstruationszyklus. Auch wenn Migräneanfälle echt gruselig klingen – besonders wenn du weißt, dass sie im Schnitt zehn Stunden dauern –, gibt es einige Möglichkeiten, die Schmerzen zu lindern. Sprich mit einem*r vertrauten Erwachsenen oder deiner*m Hausärzt*in, um zu lernen, wie du deine Beschwerden in den Griff bekommen kannst.

MUTIGE MENTOREN

Du weißt nun eine Menge über Belästigung und Missbrauch, also lass uns schauen, wie verhindert werden kann, dass Personen zugewiesen männlichen Geschlechts zu Tätern werden. Untersuchungen zeigen, dass Programme wie „Boys to Men" eine Lösung sein können. Die Jugendlichen werden ein Jahr lang von einem Mentor begleitet, der ihnen dabei hilft, ihre Talente und Stärken zu entdecken, Selbstbewusstsein aufzubauen und Konflikte friedlich zu lösen. Verglichen mit einer Kontrollgruppe ohne Mentoren, waren die begleiteten Jugendlichen, auch nach Abschluss des Programms, deutlich seltener in Fälle von Mobbing, Missbrauch oder Belästigung verwickelt.

AUFSTEHEN, SONNENSCHEIN!

Quizrunde! Was würde dich eher wecken: ein Ton im Hochfrequenzbereich oder einer im Niederfrequenzbereich? Der Niederfrequenzton? Super, hundert Punkte! Forscher*innen haben eine Studie durchgeführt, bei welcher der Niedrigfrequenzton rund 40 Prozent der schlafenden Kinder aufgeweckt hat. Zugleich wurde getestet, ob sie im Falle eines Feuers eher durch die Stimme ihrer Mutter oder die von Fremden aufwachen. Die Fremden schnitten ein wenig besser ab. Vielleicht gilt das auch für Wecker. Halte Ausschau nach einem mit Niederfrequenztönen oder einem „Wach auf, wach auf!"-Spruch. Das könnte dich morgens flotter aus dem Bett werfen!

WERDE EIN ASS IN SELBSTBEWUSSTSEIN

Du brauchst noch ein Beispiel, um dich davon zu überzeugen, wie wichtig Selbstbewusstsein und psychische Gesundheit sind? Okay, lass uns über Tennis reden. (Ja, wirklich!) Eine Studie im amerikanischen Wissenschaftsmagazin *Psychology of Sport and Exercise* untersuchte, ob jugendliche Tennisspieler*innen mehr Punkte erreichen, wenn sie „positive Selbstgespräche" führen. Das Ergebnis? Wenn sich Spieler*innen beim Versuch zu punkten oder danach ein positives „Den kriegst du!" oder „Du hast es geschafft!" zuriefen, machten sie zu 96 Prozent den Punkt. Sagten sie sich aber immer wieder Negatives wie „Du machst so ein schlechtes Spiel", punkteten sie nur zu 14 Prozent. Also *sehr viel* weniger. Wer vor sich hin murmelte oder gar nichts sagte, hatte eine etwas höhere Chance, war aber vom Ergebnis der sich positiv bestätigenden Spieler*innen weit entfernt. Wenn dir nun auffällt, dass du wesentlich häufiger negativ als positiv mit dir selbst sprichst (auch in Gedanken), dann probiere doch mal eine der Übungen aus Kapitel 13 „Ich bin okay, wie ich bin (Alles über Selbstbewusstsein)", um zu lernen, wie du freundlicher mit dir umgehen kannst. Das könnte dir echt helfen!

ICH GEBE IHM DREI JAHRE

Viele Kinder meinen, dass ihre Ernährung noch kein Thema für sie sei. In der Grundschule oder der Unterstufe hat man ja noch sein ganzes Leben lang Zeit dafür, oder? NEEEEEIN! Nein, nein, nein. Du solltest unbedingt SOFORT mit einer ausgewogenen Ernährung beginnen. Siebenjährige, die im Laufe der folgenden drei Jahre viele industriell verarbeitete Lebensmittel, Fast Food und Limonaden, aber kaum Gemüse konsumieren, haben oft bereits als Zehnjährige einen erhöhten Blutdruck und Cholesterinspiegel sowie Tendenzen zu Fettstoffwechselstörungen und Diabetes Typ 2. Daraus können im Jugend- und Erwachsenenalter lebensbedrohliche Krankheiten entstehen. Also pass auf, was du isst. Lies in Kapitel 11 „Du bist, was du isst … und was du nicht isst (Alles über Ernährung)“ nach, wie das geht.

GANZ SCHÖN BITTER

Auch wenn du eure Familieneinkäufe nicht bezahlst, kannst du doch beeinflussen, was gekauft wird. Tatsächlich beträgt die Kaufkraft von Kindern unter 15 Jahren in den USA für Lebensmittel rund 180 Milliarden US-Dollar pro Jahr! Aus diesem Grund berücksichtigen Nahrungsmittelhersteller*innen auch vermehrt Kinder beim Testen und bei der Recherche neuer Produkte.

Doch beschreibt ein Tween einen Geschmack, den sie*er zuvor noch nie probiert hat, anders als ein Team aus geschulten erwachsenen Geschmackstester*innen? Forscher*innen haben unterschiedliche Methoden entwickelt, um von den Kindern aussagekräftige Rückmeldungen zu bekommen. In einer Studie ließen sie eine Gruppe mit Zehn- und Elfjährigen verschiedene Lebensmittel kosten, von denen sie annahmen, dass jene sie noch nie gegessen hatten. (Und lagen damit zu durchschnittlich 85 Prozent richtig.)

Die Auswahl reichte von Ziegenkäse über Kumquat bis Ingwerbonbons. Die Kinder beschrieben, ob die Sachen süß, salzig, sauer oder bitter schmeckten, und die Forscher*innen verglichen das Ergebnis mit dem der erwachsenen Tester*innen.

Es stellte sich heraus, dass die Eindrücke der Kinder und der Erwachsenen ziemlich miteinander übereinstimmten! Die Kinder hatten nur ein wenig Schwierigkeiten mit der Geschmacksrichtung „bitter". (Aber auch Erwachsene bringen „bitter" und „sauer" durchaus durcheinander.)

Möchtest du wissen, ob du unbekannte Lebensmittel gut identifizieren kannst? Bitte beim nächsten Einkauf mal um ein paar ganz neue Sachen, am besten aus jeder Geschmacksrichtung eine. Natürlich darfst du nicht wissen, was. Schließe die Augen oder binde sie mit einem Tuch zu und lasse dir nacheinander Kostproben in den Mund stecken. Schmecke heraus, welche Geschmacksrichtung du auf der Zunge hast. Vielleicht schmecken dir ja manche richtig gut (und andere überhaupt nicht).

Weiterführende Adressen und Telefonnummern

NUMMER GEGEN KUMMER:

hilft dir bei allen Sorgen, Nöten und Problemen. Rufe kostenfrei und anonym unter 116 111 oder 0800 – 111 0 333 an und sprich mit einem*r Berater*in. Samstags gibt es das Angebot „Unter uns – Jugendliche beraten Jugendliche“: www.nummergegenkummer.de.

SORGENMAIL:

Wenn du lieber schreibst, als zu telefonieren, kannst du kostenfrei eine Sorgenmail verschicken. Eine feste Bezugsperson steht dir, solange du möchtest, beratend zur Seite: www.sorgenmail.de.

U25:

hilft dir bei Selbstmordgedanken und Lebensunlust, anonym und kostenlos per Mail: www.u25-deutschland.de.

YOUTH-LIFE-LINE:

bietet eine kostenlose und anonyme Online-Beratung per Mail speziell für Jugendliche und junge Erwachsene bis 21 Jahren in akuten Krisen und bei Suizidgefahr: www.youth-life-line.de.

HILFEPORTAL SEXUELLER MISSBRAUCH:

hilft allen Betroffenen, insbesondere auch Geflüchteten, ihren Angehörigen und allen, die sie unterstützen wollen, kostenfrei und anonym: www.hilfeportal-missbrauch.de.

POLIZEI:

In akuten Fällen kann die Polizeistelle vor Ort am besten helfen. Oder wähle die allgemeine Notrufnummer 110. Mehr Informationen unter: www.polizeifürdich.de und www.polizei-beratung.de.

JUGENDAMT:

Deutschlandweit arbeiten rund 600 Jugendämter daran, das Leben von Kindern, Jugendlichen und ihren Familien zu verbessern. Finde das für dich zuständige Amt und mehr Informationen unter: www.unterstuetzung-die-ankommt.de.

NOTINSEL:

Überall dort, wo du die bunten Aufkleber in Geschäften siehst, kannst du in akuten Notsituationen Hilfe bekommen. Entdecke die nächste Notinsel in deiner Nähe: www.notinsel.de.

LAMBDA BUND:

für alle, die jung sind und queer. Egal ob lesbisch, schwul, bi, trans*, inter*, queer oder noch unsicher, hier ist ein Raum für dich: www.lambda-online.de. Nutze auch Lambdas bundesweite Peer-to-Peer-Beratung In&Out per Chat, Mail, Telefon oder persönlich in Berlin: www.comingout.de.

INTERSEXUELLE MENSCHEN E.V.:

setzt sich für Wissen, Beratung, Selbsthilfe und Rechte intergeschlechtlich geborener Menschen und ihr Umfeld ein und bietet verschiedene Beratungsmöglichkeiten auf diversen Wegen, wie etwa eine Peer-Beratung: www.im-ev.de.

INTERVENTIONEN FÜR GESCHLECHTLICHE UND SEXUELLE VIELFALT:

Das Modellprojekt selbst lief leider bereits 2019 aus, aber die Seite bietet eine Vielzahl an Links für deutschlandweite und nach Bundesländern sortierte Stellen, mit Informationen und Beratungsoptionen: www.interventionen.dissens.de/fuer-jugendliche/links-anlaufstellen.

ZEBRA:

eine Beratungsstelle für alle Fragen, die sich im medialen und digitalen Alltag ergeben. Das Expert*innen-Team beantwortet alle Fragen individuell mit konkreter Hilfestellung und/oder vermittelt den Kontakt zu

Ansprechpartner*innen bei einem*r der vielen Projektpartner*innen: www.fragzebra.de.

REGENBOGENPORTAL:

ein Wissensnetz und Informationsportal zu gleichgeschlechtlichen Lebensweisen und geschlechtlicher Vielfalt des Bundesministeriums für Familien, Senioren, Frauen und Jugend. Bietet informative Artikel und Materialien ebenso wie deutschlandweite Beratungs- und Anlaufstellen: www.regenbogenportal.de.

BUNDESVERBAND TRANS* E.V. (BTV):

setzt sich für geschlechtliche Vielfalt, Selbstbestimmung und die Menschenrechte im Sinne von Respekt, Anerkennung, Gleichberechtigung, gesellschaftlicher Teilhabe und Gesundheit von trans* bzw. nicht-binären Personen ein. Mehr Informationen und wie du selbst mitmachen kannst: www.bundesverband-trans.de.

JUUUPORT:

bietet Jugendlichen online und per WhatsApp Hilfe und Beratung bei Cyber-Mobbing, WhatsApp-Stress und Co.: www.juuuport.de.

Tipps für Tweens, Teens und vertrauenswürdige Erwachsene …

… um miteinander ins Gespräch zu kommen

DREI TIPPS FÜR TWEENS UND TEENS

1 **Fühl erst mal vor, ob du mit deinen Eltern oder deinem Vormund über ein Thema reden kannst.** „Wenn du dir nicht sicher bist, ob du mit ihnen sprechen kannst, stell es doch erst einmal so dar, als ginge es um eine*n Freund*in, und schau, wie sie reagieren", schlägt Dr. Melanie Gold, Professorin für Kinderheilkunde am Columbia University Irving Medical Center, vor. Die meisten werden früher oder später merken, dass es eigentlich um dich geht. Und selbst wenn nicht, bekommst du ein Gefühl dafür, ob du von ihnen Unterstützung erwarten kannst.

2 **Du musst dich nicht an deine Eltern oder deinen Vormund wenden, wenn das keine Option für dich ist.** Hast du den ersten Tipp ausprobiert und gemerkt, dass du von dieser Stelle keine Unterstützung bekommen wirst, „dann überlege, welche Erwachsenen dich in der Vergangenheit unterstützt haben", empfiehlt Entwicklungspsychologin Dr. Scyatta

Wallace. „Suche nach Möglichkeiten, mit Menschen, die dich unterstützen, Zeit zu verbringen, zu sprechen und ihnen Einblicke in das zu geben, was so los ist." Das kann ein Lehrer, eine Trainerin, ein älteres Geschwisterkind sein – einfach alle Erwachsenen in deinem Leben, bei denen du spürst, dass du ihnen vertrauen kannst.

3 **Wähle einen Weg, mit dem *du* dich wohlfühlst.** Wenn du dich mit jemandem wohlfühlst, wird es dir leichter fallen, auch schwierigere Themen anzusprechen. Doch wenn du Tipp 1 ausprobiert hast und dennoch nicht weißt, wie du dein Anliegen vorbringen sollst, überlege dir einen anderen Weg – in einem normalen Gespräch ist es oft nicht leicht, Probleme anzusprechen. „Wenn es dir peinlich ist, bringe dein Anliegen als Textnachricht oder Brief zu deinen Eltern oder deinem Vormund", rät Dr. Julie Pelletier, Psychologin an der Penn State Universität in Pennsylvania/USA. Das Wichtigste ist, ehrlich zu sein und das Gespräch zu eröffnen.

DREI TIPPS FÜR ERWACHSENE

1 **Keine Panik, wenn Sie ins Schleudern kommen.** Zwar ist es wichtig, bei Diskussionen genau zwischen biologischem und sozialem Geschlecht zu unterscheiden, aber seien Sie nicht zu streng mit sich, wenn Sie durcheinanderkommen. „Selbst Ärzt*innen passiert das", sagt Prof. Dr. Gold. Mit welchem sozialen Geschlecht sich ein Kind identifiziert und zu

wem es sich sexuell hingezogen fühlt, sind zwei völlig verschiedene Dinge. „Zudem definieren die Interessen des Kindes weder seine Sexualität noch sein soziales Geschlecht", so Dr. Gold. Geben Sie einfach Ihr Bestes und nutzen Sie dieses Buch, um ins Gespräch zu kommen.

2 **Drängen Sie Ihr Kind nicht.** Legen Sie zusammen eine Zeit fest, um über schwierige Themen zu sprechen. Ins Zimmer zu platzen, um das *jetzt sofort* zu tun, bringt Ihr Kind in Verlegenheit. Dr. Pelletier empfiehlt, ein „Date" auszumachen, zum Beispiel eine Wanderung oder ein gemeinsames Essen. So schaffen Sie eine Auszeit von allem, was gerade so los ist.
Warten Sie mit Einschränkungen oder Strafen, auch dann, wenn Sie besorgniserregende Verhaltensweisen bemerken. „Beobachten Sie zunächst, was los ist", schlägt Dr. Pelletier vor. Sollten Sie mitbekommen, dass Ihr Kind nicht pünktlich ins Bett geht, sagen Sie etwas wie: „Mir ist aufgefallen, dass du in letzter Zeit erst sehr spät schlafen gehst." Haken Sie mit urteilsfreien Fragen nach, etwa: „Denkst du, du bekommst ausreichend Schlaf?" oder „Wie gut schläfst du?"

3 **Sie müssen nicht alle Antworten haben.** Solange Sie offen mit Ihrem Kind bleiben, ihm zuhören und für es da sind, schaffen Sie den Raum, den es braucht. Kinder wollen nicht immer eine perfekte Antwort, sondern manchmal nur eine Schulter zum Anlehnen. Aber hey! Sie lesen dieses Buch, also versuchen Sie bereits, Ihr Kind zu verstehen und zu unterstützen.

DANKSAGUNG

Jedem einzelnen Kind da draußen, das die Pubertät durchmacht und denkt „Bin ich allein?“: Klar, wenn du gerade für dich in deinem Zimmer hockst, dann … ja. Du bist allein, Kumpel. Aber was die Pubertät betrifft? Gar nicht, nicht einmal ansatzweise! Und ich widme DIR dieses Buch. Nun sind wir schon zu zweit. Also, du bist nicht allein. Wirklich. Sieh dich um! … Hast du dich jetzt wirklich umgedreht? Na ja, auch okay. Lass uns jedenfalls diese Monstererfahrung namens *Pubertät* gemeinsam in Angriff nehmen. Wollen wir?

Meiner Lektorin Dani: Ich werde nie den Tag vergessen, an dem wir uns zum ersten Mal trafen. Du trugst einen senfgelben Pulli und warst voller Inspiration. Du hast dieses Buch zu dem gemacht, was es ist!

Caroline Abbey, danke, dass du dieses Buch seit unserem ersten Treffen mit Dumplings nicht mehr losgelassen hast!

Und dem unglaublichen Team bei Random House, nicht nur, aber allen voran: Michelle Cunningham, die dieses Buch so großartig layoutet hat, dass ich jeden Tag und bis in alle Ewigkeit darin wohnen möchte;

dem ganzen Lektoratsteam und allen Korrekturleser*innen, die meine Grammatikprobleme behoben haben; Diane Landolf, die selbst in schwierigsten Momenten ihre schützende Hand über dieses Buch hielt; und allen Personen, die, weil sie das Buch gelesen haben oder ihm einfach nahe waren, halfen, es jungen Leuten in die Hände zu geben. Und allen sensiblen Leser*innen, die sicherstellten, dass dieses Buch wirklich und wahrhaftig für alle ist.

Lauri Johnston für die absolut großartigsten und ekligsten Illustrationen, die sich eine Autorin nur wünschen kann.

Meinem Agenten Alec Shane dafür, dass er laut gelacht hat, als er mein Inhaltsverzeichnis las. Da du der Ron Swanson zu meiner Leslie Knope bist, höre ich hier auf zu schreiben, bevor es zu emotional wird.

Eric Wight: Dir würde ich diese ganze Seite widmen, wenn ich könnte. Ich weiß, du liest dies und sagst: „Ja, ja, das bist wirklich du", doch dies hier bist *wirklich* alles du. #forevergrateful

Meinem Mann Ryan, weil du an mich geglaubt hast, bevor ich es tat und jeden Tag, seitdem ich endlich Vernunft annahm.

Meinen Herzstücken Momma und Poppa: Ihr habt und habt nicht in den genau richtigen Augenblicken an mich geglaubt und nun, da ihr es beide tut, bin ich die glücklichste Tochter der Welt. Und Danke an meine ganze Familie für ihre Liebe und ihre Unterstützung, insbesondere meinem Neffen TJ! (Hi, TJ!).

Rodales einst exzellentem Bibliotheksteam, insbesondere Jennifer Keiser: Ich hätte dieses Buch ohne euch niemals mit so vielen atemberaubenden Studien füllen können!

Meinem besten Bücherwurm-Freund, dem Yin zu meinem Yang, meinem #twinning Begleiter Rocky Callen. 2017 habe ich dieses Buch entworfen und wäre ohne deine Hilfe vermutlich weder durch dieses Jahr noch durch dieses Buch gekommen oder jedes Jahr und Buch danach. Danke dafür, dass du meine virtuelle Schulter für alles und jedes und die Stimme bist, auf die ich mich tagtäglich verlasse.

Allen Freunden, die vor Aufregung ausgerastet sind, als ich ihnen sagte, DASS ES PASSIERT! Heather, April, Allie, Katie, CrissaRobin, Nikki, Jill, Zoe, Kelsey, Mindy, Shayla, BJ, Mitch, Jana & Josh, Chris & Sophie, Jacky, Corie, Kathryn. Ihr seid meine Framilie! (Das R steht da mit Absicht, Leute. Freunde, die Familie sind.)

Der Loewe Verlag dankt dem Bundesverband Lambda für die kompetente und freundliche Beratung.

VERWENDETE STUDIEN

Die meisten in diesem Buch genutzten folgenden Studien sind auf Englisch erschienen. Weil dies inzwischen die beherrschende Sprache in den Wissenschaften ist, wurden sie für diese Ausgabe nicht übersetzt. So kannst du bei Interesse nach ihnen suchen.

Wie sich dein Körper verändert und was das mit der Zahnfee zu tun hat

1. "Eruption Charts", American Dental Association, zuletzt genutzt am 26. Juni 2019, mouthhealthy.org/en/az-topics/e/eruption-charts.
2. Hamidreza Poureslami, Naser Asl Aminabadi, Alireza Sighari Deljavan, Leila Erfanparast, Azin Sohrabi, Zahra Jamali, Sina Ghertasi Oskouei, Kameliya Hazem, and Sajjad Shirazi, "Does Timing of Eruption in First Primary Tooth Correlate with That of First Permanent Tooth? A 9-Years Cohort Study", Journal of Dental Research, Dental Clinics, Dental Prospects 9, Nr. 2 (Frühling 2015): 79–85, ncbi.nlm.nih.gov/pmc/articles/PMC4517309/.

KAPITEL 1: UNTER DEINEM T-SHIRT (alles über die Brüste)

1. Asma Javed and Aida Lteif, "Development of the Human Breast", Seminars in Plastic Surgery 27, Nr. 1 (Februar 2013): 5–12, dx.doi.org/10.1055/s-0033- 1343989.
2. Steven Dowshen, "Gynecomastia", TeensHealth from Nemours, zuletzt aktualisiert Oktober 2016, kidshealth.org/en/teens/boybrst.html.
3. "Health Screening Recommendations for Children & Adolescents: The Tanner Stages", Vermont Department of Health, zuletzt genutzt am 26. September 2017, medschool.lsuhsc.edu/medical_

education/undergraduate/spm/SPM_100/documents/tannerstagescard.pdf.

4. "Breast Anatomy", RnCeus.com, zuletzt bearbeitet am 29. Februar 2017, rnceus.com/Breast_in_situ/anat.html.

5. "Female Breast Anatomy", Healthy Lifestyle, Maio Clinic, zuletzt bearbeitet am 10. November 2017, Maioclinic.org/healthy-lifestyle/womens-health/multimedia/breast-cancer-early-stage/sls-20076628?s=1.

6. "Enlarged Breasts in Men (Gynecomastia)", Diseases and Conditions, Patient Care and Health Information, Maio Clinic, zuletzt genutzt am 02. Oktober 2019, Maioclinic.org/diseases-conditions/gynecomastia/symptoms-causes/syc-20351793.

7. Daphne Pierce-Smith, David Lickstein, and Paula Goode, "Gynecomastia", University of Rochester Medical Center, zuletzt genutzt am 01. Februar 2017, urmc.rochester.edu/encyclopedia/content.aspx?contenttypeid=85&contentid=P01118.

8. "Gynecomastia", Young Men's Health, Division of Adolescent and Young Adult Medicine at Boston Children's Hospital, zuletzt bearbeitet am 24. März 2020, youngmenshealthsite.org/guides/gynecomastia/.

9. "Breast Binding Safety", Go Ask Alice!, Columbia University, zuletzt genutzt am 01. Februar 2017, goaskalice.columbia.edu/answered-questions/breast-binding-safety-0.

10. Nancy A. Mervish, Eliza W. Gardiner, Maida P. Galvez, Larry H. Kushi, Gayle C. Windham, Frank M. Biro, Susan M. Pinney, et al., "Dietary Flavonol Intake Is Associated with Age of Puberty in a Longitudinal Cohort of Girls", Nutrition Research 33, Nr. 7 (Juli 2013): 534–42, doi.org/10.1016/j.nutres.2013.04.005.

11. Jane Higdon, "Flavonoids", Micronutrient Information Center, Linus Pauling Institute, Oregon State University, zuletzt aktualisiert Februar 2016 by Alan Crozier, lpi.oregonstate.edu/mic/dietary-factors/phytochemicals/flavonoids.

12. Thomas M. Campbell, "Could an Apple a Day Keep Heart Disease Away?", Patients & Families: Health Matters, University of Rochester Medical Center, zuletzt aktualisiert am 11. April 2016, urmc.rochester.edu/patients-families/health-matters/april-2016/could-an-apple-a-day-keep-heart-disease-away.aspx.

13. Kirtly Parker Jones, "My Breasts Are Different Sizes-Am I Normal?", The Scope radio interview, University of Utah Health, zuletzt genutzt am 15. Mai 2018, healthcare.utah.edu/the scope/shows.php?shows=0_aup26c6j.

14. "Help-I Am a Woman with a Hairy Chest!", Go Ask Alice!, Columbia University, zuletzt genutzt am 14. Februar 2017, goaskalice.columbia.edu/answered-questions/help-——-i-am-woman-hairy-chest.

15. "Binding, Packing, Tucking & Padding", Trans Care BC, zuletzt genutzt am 09. Januar 2020, phsa.ca/transcarebc/care-support/transitioning/bind-pack-tuck-pad.

KAPITEL 2: IN DEINER UNTERHOSE
(Alles über Penis, Hoden und Hodensack)

1. Editors of Encyclopaedia Britannica, "Penis", Encyclopaedia Britannica, zuletzt genutzt am 26. Mai 2020, by Kara Rogers, britannica.com/science/penis.

2. Robert D. Utiger, "Testis", Encyclopædia Britannica, zuletzt genutzt am 20. Juni 2018, by Emily Rodriguez, britannica.com/science/testis.

3. Editors of Encyclopaedia Britannica, "Scrotum", Encyclopædia Britannica, zuletzt aktualisiert am 20. Juni 2018, by Emily Rodriguez, britannica.com/science/scrotum.

4. "When Will My Penis Start to Grow?", SexInfo Online, University of California, Santa Barbara, zuletzt genutzt am 03. September 2017, sexinfo.soc.ucsb.edu/when-will-my-penis-start-grow.

5. "Going Through Male Puberty", SexInfo Online, University of California, Santa Barbara, zuletzt genutzt am 22. Februar 2016, sexinfo.soc.ucsb.edu/article/going-through-male-puberty.

6. "Health Screening Recommendations for Children & Adolescents: The Tanner Stages", Vermont Department of Health, zuletzt genutzt am 26. September 2017, medschool.lsuhsc.edu/medical_education/undergraduate/spm/SPM_100/documents/tannerstagescard.pdf.

7. Editors of Encyclopaedia Britannica, "Erection", Encyclopædia Britannica, zuletzt genutzt am 13. Juli 2018, by Emily Rodriguez, britannica.com/science/erection.

8. "Can Breaking My Penis Affect Its Size?", Go Ask Alice!, Columbia University, zuletzt genutzt am 14. September 2017, goaskalice.columbia.edu/answered-questions/can-breaking-my-penis-affect-its-size.

9. "Binding, Packing, Tucking & Padding", Trans Care BC, zuletzt genutzt am 09. Januar 2020, phsa.ca/transcarebc/care-support/transitioning/bind-pack-tuck-pad.

10. Editors of Encyclopaedia Britannica, "Sperm", Encyclopædia Britannica, zuletzt genutzt am 25. September 2019, by Adam Augustyn, britannica.com/science/sperm.

11. "Nocturnal Orgasms and Emissions", SexInfo Online, University of California, Santa Barbara, zuletzt genutzt am 01. Juni 2016, sexinfo.soc.ucsb.edu/article/nocturnal-orgasms-and-emissions.

KAPITEL 3: HI, EIERSTÖCKE! (Alles über die Menstruation)

1. "The Menstrual Cycle", SexInfo Online, University of California, Santa Barbara, zuletzt aktualisiert am 29. Mai 2018, sexinfo.soc.ucsb.edu/article/menstrual-cycle.

2. "Normal Ovarian Function", Rogel Cancer Center: Michigan Medicine, zuletzt genutzt am 02. Oktober 2019, rogelcancercenter.org/fertility-preservation/for-female-patients/normal-ovarian-function.

3. "Pads and Other Ways to Take Care of Your Period", GirlsHealth.gov, Office on Women's Health, U.S. Department of Health and Human Services, zuletzt aktualisiert am 23. Mai 2014, girlshealth.gov/body/period/pads.html.

4. Martha K. McClintock, "Menstrual Synchrony and Suppression", Nature 229 (22. Januar 1971): 244–45, sites.oxy.edu/clint/physio/article/Menstrualsynchoronyandsuppression.pdf.

5. Tamatha R. Barbeau, "Why Do Groups of Women Living in the Same Household Have Synchronous Menstrual Cycles?", Francis Marion University, zuletzt genutzt am 10. September 2017, people.fmarion.edu/tbarbeau/Menstrual%20Synchrony.pdf, (Seite nicht mehr aktiv).

6. Darrel W. Amundsen and Carol Jean Diers, "The Age of Menarche in Medieval Europe", Human Biology 45, Nr. 3 (September 1973): 363–69, jstor.org/stable/41459883.

7. "Menstrual Cramps (Dysmenorrhea) in Teens", Health Encyclopedia, University of Rochester

Medical Center, zuletzt genutzt am 10. September 2017, urmc.rochester.edu/encyclopedia/content.aspx ?ContentTypeID=90&ContentID=p01599.

8. "Vaginal Discharge", Diseases and Conditions, Patient Care and Health Information, Maio Clinic, zuletzt aktualisiert am 14. Februar 2019, Maioclinic.org/symptoms/vaginaldischarge/basics/causes/sym-20050825.

9. "Heavy Prolonged or Irregular Periods", UNC Department of Obstetrics & Gynecology, UNC School of Medicine, zuletzt genutzt am 10. September 2017, med.unc.edu/obgyn/migs/our-services/what-kinds-of-problems-do-the-doctors-in-this-group-treat/heavy-prolonged-or-irregular-periods/.

10. Zlatko Pastor, "Female Ejaculation Orgasm vs. Coital Incontinence: A Systematic Review", Journal of Sexual Medicine 10, Nr. 7 (Juli 2013): 1682–91, doi.org/10.1111/jsm.12166.

KAPITEL 4: GANZ SCHÖN HAARIG!
(Alles über Achsel-, Bein-, Gesichts- und Schambehaarung … und das Rasieren)

1. Patrice Hyde, "Hair Removal", TeensHealth from Nemours, zuletzt aktualisiert August 2016, kidshealth.org/en/teens/hair-removal.html.

2. "Puberty", Center for Young Women's Health, Division of Adolescent and Young Adult Medicine and the Division of Gynecology at Boston Children's Hospital, zuletzt aktualisiert am 07. September 2018, youngwomenshealth.org/2010/04/21/puberty/.

3. "Physical Development in Boys: What to Expect", American Academy of Pediatrics, zuletzt aktualisiert am 22. Mai 2015, healthychildren.org/English/agesstages/gradeschool/puberty/Pages/Physical-Development-Boys-Whatto-Expect.aspx.

4. "Health Screening Recommendations for Children & Adolescents: The Tanner Stages", Vermont Department of Health, zuletzt genutzt am 26. September 2017, medschool.lsuhsc.edu/medical_education/undergraduate/spm/SPM_100/documents/tannerstagescard.pdf.

5. "Puberty: Normal Growth and Development in Girls", Patient Education, Fairview, zuletzt genutzt am 12. September 2017, fairview.org/sitecore/content/Fairview/Home/Patient-Education/Articles/English/p/u/b/e/r/Puberty_Normal_Growth_and_Development_in_Girls_89561.

6. "Modification of Pubic Hair", SexInfo Online, University of California, Santa Barbara, zuletzt aktualisiert am 07. Februar 2019, sexinfo.soc.ucsb.edu/article/modification-pubic-hair.

7. "Face Shaving Tips: Against the Grain", Gillette, zuletzt genutzt am 03. Oktober 2019, gillette.com/en-us/shaving-tips/how-to-shave/against-the-grain.

8. Anthony Lanzalaco, Kristina Vanoosthuyze, Cynthia Stark, David Swaile, Heather Rocchetta, and Russell Spruell, "A Comparative Clinical Study of Different Hair Removal Procedures and Their Impact on Axillary Odor Reduction in Men," Journal of Cosmetic Dermatology 15, Nr. 1 (Dezember 2015): 58–65, doi.org/10.1111/jocd.12197.

9. "Gillette Co.", AdAge Encyclopedia, AdAge, zuletzt aktualisiert am 15. September 2003, adage.com/article/adage-encyclopedia/gillette/98674.

10. Randal C. Picker, "The Razors-and-Blades Myth(s)", 78 University of Chicago Law Review 225 (2011): 225–55, chicagounbound.uchicago.edu/cgi/viewcontent.cgi?referer=&httpsredir=1&article=2716&context=journal_articles.

11. Kirsten Hansen, "Hair or Bare?: The History of American Women and Hair Removal, 1914–1934", Senior thesis, Barnard College, Columbia University, April 2007, 1–29, scribd.com/document/14646142/Hair-or-Bare-The-History-of-American-Women-and-Hair-Removal-1914-1934-Kirsten-Hansen-Thesis.
12. "Hair Removal", Cosmetics and Personal Care Products in the Medicine and Science Collections, National Museum of American History: Behring Center, Smithsonian Institution, zuletzt genutzt am 10. September 2017, americanhistory.si.edu/collections/object-groups/health-hygiene-and-beauty/hair-removal/.
13. Lawrence E. Gibson, "Does Shaving Unwanted Body Hair Make It Grow Back Thicker and Darker?", Healthy Lifestyle: Adult Health, Patient Care and Health Information, Maio Clinic, zuletzt aktualisiert am 07. August 2019, Maioclinic.org/healthy-lifestyle/adult-health/expert-answers/hair-removal/faq-20058427.
14. "Female Puberty (Teen Corner)", SexInfo Online, University of California, Santa Barbara, zuletzt aktualisiert am 08. Februar 2016, sexinfo.soc.ucsb.edu/node/821.

KAPITEL 5: MOMENT MAL, DA WÄCHST AUCH WAS? (Alles über die Stimme)

1. Steven Dowshen, "Why Is My Voice Changing?", TeensHealth from Nemours, zuletzt aktualisiert Juni 2015, kidshealth.org/en/teens/voice-changing.html.
2. Thomas H. Fitzpatrick and Marco A. Siccardi, "Anatomy, Head and Neck, Adam's Apple", StatPearls Publishing, zuletzt genutzt am 06. Dezember 2018, ncbi.nlm.nih.gov/books/NBK535354/.
3. "Boys and Their Bodies," Arizona Department of Child Safety, zuletzt aktualisiert am 12. September 2017, dcs.az.gov/sites/default/files/Boys-and-their-bodies.pdf.
4. Leslie Leedberg, "The Female Changing Voice", Adolescent Singing Voices by Leslie Leedberg, zuletzt genutzt am 12. September 2017, leedberg.com/voice/pages/female.html.
5. "How Age Changes Your Voice", The University of Iowa, zuletzt genutzt am 23. September 2019, voice-academy.uiowa.edu/science-lab.
6. Carolyn R. Hodges-Simeon, Michael Gurven, Rodrigo A. Cárdenas, and Steven J. C. Gaulin, "Voice Change as a New Measure of Male Pubertal Timing: A Study Among Bolivian Adolescents", Annals of Human Biology 40, Nr. 3 (2013): 209–19, doi.org/10.3109/03014460.2012.759622.
7. Paula Sheppard and Rebecca Sear, "Father Absence Predicts Age at Sexual Maturity and Reproductive Timing in British Men," Biology Letters 8, Nr. 2 (23. April 2012): 237–40, doi.org/10.1098/rsbl.2011.0747.
8. Susan M. Hughes, Justin K. Mogilski, and Marissa A. Harrison, "The Perception and Parameters of Intentional Voice Manipulation", Journal of Nonverbal Behavior 38, Nr. 1 (März 2014): 107–27, doi.org/10.1007/s10919-013-0163-z.

KAPITEL 6: DU WIRST EHER NICHT IN DEN HIMMEL WACHSEN (Alles über das Knochenwachstum)

1. "Bone Development in Young People", International Osteoporosis Foundation, zuletzt genutzt am 01. Oktober 2019, iofbonehealth.org/bone-development-young-people-0.

2. Jamie Stang and Mary T. Story, "Adolescent Growth and Development", in Guidelines for Adolescent Nutrition Services (Duluth: University of Minnesota Center for Leadership, Education and Training in Maternal and Child Nutrition, 2016), 1–8.

3. "8 Year Visit", West Virginia HealthCheck Program, Bureau for Public Health, West Virginia Department of Health and Human Resources, zuletzt aktualisiert September 2014, dhhr.wv.gov/HealthCheck/Documents/8%20year.pdf.

4. Vivien Cherng-Hui Yip, Chen-Wie Pan, Xiao-Yu Lin, Yung-Seng Lee, Gus Gazzard, Tien-Yin Wong, and Seang-Mei Saw, "The Relationship Between Growth Spurts and Myopia in Singapore Children", Investigative Ophthalmology & Visual Science 53, Nr. 13 (03. Dezember 2012): 7961–66, doi.org/10.1167/iovs.12-10402.

5. Neil K. Kaneshiro, David Zieve, Brenda Conaway, and the A.D.A.M. Editorial team, "Puberty in Boys", Medical Encyclopedia, MedlinePlus, NIH: U.S. National Library of Medicine, zuletzt aktualisiert am 11. Oktober 2019, medlineplus.gov/ency/patientinstructions/000650.htm.

6. Nikola Koepke and Jörg Baten, "The Biological Standard of Living in Europe During the Last Two Millennia", European Review of Economic History 9, Nr. 1 (April 2005): 61–95, doi.org/10.1017/S1361491604001388.

7. Pat Tanner Nelson, "Teen Growth and Development", Cooperative Extension, University of Delaware, zuletzt aktualisiert 2012, udel.edu/academics/colleges/canr/cooperative-extension/fact-sheets/teen-growth-and-development/.

8. Benjamin Novak, "Ow! My Knee! Managing Osgood-Schlatter Disease", In Brief: Topics in Pediatric Orthopedics, Gillette Children's Specialty Healthcare, zuletzt aktualisiert Juni 2015, gillettechildrens.org/assets/uploads/for-medical- professionals/InBrief_Osgood_Schlatter_2015_Gillette_Childrens.pdf.

9. "Osgood-Schlatter disease", Diseases and Conditions, Patient Care and Health Information, Maio Clinic, zuletzt aktualisiert am 17. November 2017, Maioclinic.org/diseases-conditions/osgood-schlatter-disease/symptoms-causes/syc-20354864.
und
Benjamin Novak, "Ow! My Knee! Managing Osgood-Schlatter Disease", In Brief: Topics in Pediatric Orthopedics, Gillette Children's Specialty Healthcare, zuletzt genutzt Juni 2015, gillettechildrens.org/assets/uploads/for-medical-professionals/InBrief_Osgood_Schlatter_2015_Gillette_Childrens.pdf.

KAPITEL 7: PICKEL UND PUSTELN (Alles über Akne)

1. Editors of Encyclopaedia Britannica, "Acne", Encyclopædia Britannica, zuletzt aktualisiert am 12. März 2020 by Gloria Lotha, britannica.com/science/acne/.

2. Patrice Hyde, "Why Do I Get Acne?", TeensHealth from Nemours, zuletzt aktualisiert Juni 2014, kidshealth.org/en/teens/acne.html.

3. Loren Cordain, Staffan Lindeberg, Magdalena Hurtado, Kim Hill, S. Boyd Eaton, and Jennie Brand-Miller, "Acne Vulgaris: A Disease of Western Civilization", JAMA Dermatology 138, Nr. 12 (2002): 1584–90, doi.org/10.1001/archderm.138.12.1584.

4. Eva Ritvo, James Q. Del Rosso, Mark A. Stillman, and Christopher La Riche, "Psychosocial

Judgements and Perceptions of Adolescents with Acne Vulgaris: A Blinded, Controlled Comparison of Adult and Peer Evaluations", BioPsychoSocial Medicine 5, Nr. 11 (August 2011): 9–10, doi.org/10.1186/1751-0759-5-11.

5. "Acne", University Health Service, University of Michigan, zuletzt genutzt am 17. September 2017, uhs.umich.edu/acne.
6. Patrice Hyde, "Myths About Acne", KidsHealth Library, Brenner Children's Wake Forest Baptist Health, zuletzt aktualisiert Juni 2014, brennerchildrens.org/KidsHealth/Teens/Body/Skin-Stuff/Myths-About-Acne.htm (Seite nicht mehr aktiv)
und
Patrice Hyde, "Tips for Taking Care of Your Skin," KidsHealth Library, Brenner Children's Wake Forest Baptist Health, zuletzt aktualisiert Juni 2014, brennerchildrens.org/KidsHealth/Teens/Body/Skin-Stuff/Tips-for-Taking-Care-of-Your-Skin.htm.
7. "12 Tips to Combat Acne", Health and Wellness, Rush University Medical Center, zuletzt genutzt am 17. September 2017, rush.edu/health-wellness/discover-health/12-tips-combat-acne.
8. Lindsay Chaney Strowd, "Acne", Wake Forest Baptist Health, zuletzt genutzt am 17. September 2017, wakehealth.edu/Condition/a/Acne.
9. Caroline L. LaRosa, Kim A. Quach, Kirsten Koons, Allen R. Kunselman, Junjia Zhu, Diane M. Thiboutot, and Andrea L. Zaenglein, "Consumption of Dairy in Teenagers with and without Acne", Journal of the American Academy of Dermatology 75, Nr. 2 (August 2016): 318–22, doi.org/10.1016/j.jaad.2016.04.030.

KAPITEL 8: MÜFFELIG UND FEUCHT (Alles über Schweiß)

1. Steven Dowshen, "All About Puberty", KidsHealth from Nemours, zuletzt aktualisiert Oktober 2015, kidshealth.org/en/kids/puberty.html#/.
2. "Sweating and Body Odor", Diseases and Conditions, Patient Care and Health Information, Maio Clinic, zuletzt aktualisiert am 24. September 2019, Maioclinic.org/diseases-conditions/sweating-and-body-odor/symptoms-causes/syc-20353895.
3. Bonnie Hodge and Robert T. Brodell, "Anatomy, Skin Sweat Glands", StatPearls Publishing, zuletzt aktualisiert am 05. April 2019, ncbi.nlm.nih.gov/books/NBK482278/.
4. G. Edgar Folk Jr. and Holmes A. Semken Jr., "The Evolution of Sweat Glands," *International Journal of Biometeorology* 35, no. 3 (September 1991): 180–86, doi.org/10.1007/BF01049065.
5. "Adolescent Hygiene Basics", Pediatric Residency Program, Department of Pediatrics in the College of Medicine, University of Florida, zugegriffen am 15. September 2017, residency.pediatrics.med.ufl.edu/files/2012/02/adolescent-hygiene-basics.pdf.
6. "What's an Antiperspirant?", Degree, zuletzt genutzt am 15. September 2017, degreedeodorant.com/us/en/sweat-facts/what-s-an-antiperspirant-.html.
7. Katrin T. Lübke, Anne Busch, Matthias Hoenen, Benoist Schaal, and Bettina M. Pause, "Chemosensory Anxiety Signals Prime Defensive Behavior in Prepubertal Girls," Physiology & Behavior 173 (Mai 2017): 30–33, dx.doi.org/10.1016/j.physbeh.2017.01.035.

KAPITEL 9: ICH BIN, WER ICH BIN, UND ICH MAG, WEN ICH MAG (Alles über Gender-Ausdruck, Geschlechtsidentität und sexuelle Orientierung)

1. "Understanding Gender", Gender Spectrum, zugegriffen am 25. September 2019, genderspectrum.org/quick-links/understanding-gender/.
2. "All About Sex, Gender, and Gender Identity", Planned Parenthood, zugegriffen am 09. Januar 2020, plannedparenthood.org/learn/teens/all-about-sex-gender-and-gender-identity.
3. "Overview of Gender Identities", SexInfo Online, University of California, Santa Barbara, zuletzt bearbeitet am 02. Mai 2019, sexinfo.soc.ucsb.edu/article/overview-gender-identities.
4. "Overview of Sexual Orientations", SexInfo Online, University of California, Santa Barbara, zuletzt bearbeitet am 14. März 2017, sexinfo.soc.ucsb.edu/article/overview-sexual-orientations.
5. Joan Brasher, "Study Finds Children Think Flexibly About Gender Identity", Research News@ Vanderbilt, Vanderbilt University, zuletzt bearbeitet am 16. Januar 2018, news.vanderbilt.edu/2018/01/16/study-finds-children-think-flexibly-about-gender-identity/.
6. Gary Kates, "The Transgendered World of the Chevalier/Chevalière d'Eon", The Journal of Modern History 67, Nr. 3 (September 1995): 558–94, jstor.org/stable/2124220.

KAPITEL 10: IM LAND DER TRÄUME (Alles über den Schlaf)

1. Alison L. Miller, Julie C. Lumeng, and Monique K. LeBourgeois, "Sleep Patterns and Obesity in Childhood", Current Opinion in Endocrinology, Diabetes and Obesity 22, Nr. 1 (Februar 2015): 41–47, doi.org/10.1097/MED.0000000000000125.
2. Rosalind D. Cartwright, Melodee A. Mograss, Jeffrey M. Ellenbogen, David Foulkes, and Thien Thanh Dang-Vu, "Sleep", Encyclopædia Britannica, zuletzt bearbeitet am 06. Februar 2020, britannica.com/science/sleep.
3. "Brain Basics: Understanding Sleep", Office of Communications and Public Liaison, National Institute of Neurological Disorders and Stroke, National Institutes of Health, zuletzt genutzt am 08. Februar 2019, ninds.nih.gov/Disorders/Patient-Caregiver-Education/Understanding-Sleep.
4. Canadian Paediatric Society, "Teens and Sleep: Why You Need It and How to Get Enough", Paediatrics Child Health 13, Nr. 1 (Januar 2008): 69–70, ncbi.nlm.nih.gov/pmc/articles/PMC2528821/.
5. Lisa S. Talbot, Eleanor L. McGlinchey, Katherine A. Kaplan, Ronald E. Dahl, and Allison G. Harvey, "Sleep Deprivation in Adolescents and Adults: Changes in Affect", Emotion 10, Nr. 6 (Dezember 2010): 831–41, doi.org/10.1037/a0020138.
6. Ruthann Richter, "Among Teens, Sleep Deprivation an Epidemic," News Center, Stanford Medicine, zuletzt bearbeitet am 08. Oktober 2015, med.stanford.edu/news/all-news/2015/10/among-teens-sleep-deprivation-an-epidemic.html/.
7. Rutgers University, "Texting at Night Affects Teens' Sleep, Academic Performance: Researcher Finds That Instant Messaging in the Dark Makes a Difference Compared to Having the Lights On", ScienceDaily, 26. Januar 2016, sciencedaily.com/releases/2016/01/160126162227.htm.

8. "Bedwetting (Enuresis)", Harvard Health Publishing, Harvard Medical School, zuletzt aktualisiert im November 2018, health.harvard.edu/a_to_z/bedwetting-enuresis-a-to-z.
9. Nicole Lovato and Leon Lack, "The Effects of Napping on Cognitive Functioning", Progress in Brain Research 185 (2010): 155–66, doi.org/10.1016/B978-0-444-53702-7.00009-9.
10. Dante LaPenta, "Napping and Teenage Learning", UDaily, University of Delaware, zuletzt aktualisiert am 23. April 2018, udel.edu/udaily/2018/april/xiaopeng-ji-napping-neurocognitive-function/.
11. Jessica Jones, "It's time to put the tired Spanish siesta stereotype to bed", BBC, 11. Juni 2017, bbc.com/worklife/article/20170609-its-time-to-put-the-tired-spanish-siesta-stereotype-to-bed
und
Anabel Bueno Ballesteros and Jaime Rubio Hancock, "The Spanish siesta: myth or reality?", El País, 07. April 2016, elpais.com/elpais/2016/04/06/inenglish/1459949163_140228.html.

KAPITEL 11: DU BIST, WAS DU ISST … UND WAS DU NICHT ISST
(Alles über Ernährung)

1. Maio Clinic Staff, "Nutrition for Kids: Guidelines for a Healthy Diet", Maio Clinic, aktualisiert am 23. Mai 2020, Maioclinic.org/healthy-lifestyle/childrens-health/in-depth/nutrition-for-kids/art-20049335.
2. "Protein", Nutrition Source, Harvard T.H. Chan School of Public Health, zugegriffen am 01. Oktober 2017, hsph.harvard.edu/nutritionsource/what-should-you-eat/protein/.
3. "Carbohydrates", Nutrition Source, Harvard T.H. Chan School of Public Health, zugegriffen am 01. Oktober 2017, hsph.harvard.edu/nutritionsource/carbohydrates/.
4. "Fiber", Nutrition Source, Harvard T.H. Chan School of Public Health, zugegriffen am 01. Oktober 2017, hsph.harvard.edu/nutritionsource/carbohydrates/fiber/.
5. Walter Willett and Amy Myrdal Miller, "Ask the Expert: Healthy Fats", Nutrition Source, Harvard T.H. Chan School of Public Health, zuletzt aktualisiert am 21. Juni 2012, hsph.harvard.edu/nutritionsource/2012/06/21/ask-the-expert-healthy-fats/.
6. "Vitamin A: Fact Sheet for Consumers", Health Information, Office of Dietary Supplements, National Institutes of Health, U.S. Department of Health and Human Services, zuletzt aktualisiert am 14. Februar 2020, ods.od.nih.gov/factsheets/VitaminA-Consumer/.
7. "Vitamin C: Fact Sheet for Consumers", Health Information, Office of Dietary Supplements, National Institutes of Health, U.S. Department of Health and Human Services, zuletzt aktualisiert am 10. Dezember 2019, ods.od.nih.gov/factsheets/VitaminC-Consumer/.
8. "Calcium: Fact Sheet for Consumers", Health Information, Office of Dietary Supplements, National Institutes of Health, U.S. Department of Health and Human Services, zuletzt aktualisiert am 06. Dezember 2019, ods.od.nih.gov/factsheets/Calcium Consumer/.
und
"Vitamin D: Fact Sheet for Consumers", Health Information, Office of Dietary Supplements, National Institutes of Health, U.S. Department of Health and Human Services, zuletzt aktualisiert am 24. März 2020, ods.od.nih.gov/factsheets/VitaminD-Consumer/.
9. "Iron: Fact Sheet for Consumers", Health Information, Office of Dietary Supplements, National Institutes of Health, U.S. Department of Health and Human Services, zuletzt aktualisiert am 17. Februar 2016, ods.od.nih.gov/factsheets/Iron-Consumer/.
10. "Zinc: Fact Sheet for Consumers", Health Information, Office of Dietary Supplements, National

Institutes of Health, U.S. Department of Health and Human Services, zuletzt aktualisiert am 10. Dezember 2019, ods.od.nih.gov/factsheets/Zinc-Consumer/.

11. "Get the Facts: Sugar-Sweetened Beverages and Consumption", Centers for Disease Control and Prevention, zuletzt aktualisiert am 27. Februar 2017, cdc.gov/nutrition/data-statistics/sugar-sweetened-beverages-intake.html.

12. Euna Han and Lisa M. Powell, "Consumption Patterns of Sugar-Sweetened Beverages in the United States", Journal of the Academy of Nutrition and Dietetics 113, Nr. 1 (Januar 2013): 43–53, doi.org/10.1016/j.jand.2012.09.016.

13. Asher Rosinger, Hilary Bethancourt, and Lori Francis, "Association of Caloric Intake From Sugar-Sweetened Beverages With Water Intake Among US Children and Young Adults in the 2011–2016 National Health and Nutrition Examination Survey", JAMA Pediatrics, 22. April 2019, doi.org/10.1001/jamapediatrics.2019.0693.

14. Hirotaka Ochiai, Takako Shirasawa, Hinako Nanri, Rimei Nishimura, Masaaki Matoba, Hiromi Hoshino, and Akatsuki Kokaze, "Eating Quickly Is Associated with Waist-to-Height Ratio Among Japanese Adolescents: A Cross-Sectional Survey", Archives of Public Health 74 (Mai 2016): 18, doi.org/10.1186/s13690-016-0130-3.

15. "The Best Diet: Quality Counts!", Nutrition Source, Harvard T.H. Chan School of Public Health, zugegriffen am 01. Oktober 2017, hsph.harvard.edu/nutritionsource/healthy-weight/best-diet-quality-counts/.

16. Juan Gallegos, "How Sugar Converts To Fat", The Scope radio interview, University of Utah Health, 22. August 2018, healthcare.utah.edu/the-scope/shows.php?shows=0_7frg4jjd.

17. "Superfoods or Superhype?", Nutrition Source, Harvard T.H. Chan School of Public Health, zugegriffen am 26. September 2019, hsph.harvard.edu/nutritionsource/superfoods/.

18. "Foods Linked to Better Brainpower," Harvard Health Publishing, Harvard Medical School, zugegriffen am 01. Oktober 2017, health.harvard.edu/mind-and-mood/foods-linked-to-better-brainpower.

19. Ann Forsyth, Melanie Wall, Nicole Larson, Mary Story, and Dianne Neumark-Sztainer, "Do Adolescents Who Live or Go to School Near Fast-Food Restaurants Eat More Frequently from Fast-Food Restaurants?", Health & Place 18, Nr. 6 (November 2012): 1261–69, doi.org/10.1016/j.healthplace.2012.09.005.

KAPITEL 12: WAS IST IN MEINEM KOPF LOS?
(Alles über die psychische Gesundheit)

1. "Mental Health", MedlinePlus, U.S. National Library of Medicine, National Institutes of Health, zuletzt aktualisiert am 05. Mai 2020, medlineplus.gov/mentalhealth.html.

2. George C. Patton, Craig Olsson, Lyndal Bond, John W. Toumbourou, John B. Carlin, Sheryl A. Hemphill, and Richard F. Catalano, "Predicting Female Depression Across Puberty: A Two-Nation Longitudinal Study", Journal of the American Academy of Child & Adolescent Psychiatry 47, Nr. 12 (Dezember 2008): 1424–32, doi.org/10.1097/CHI.0b013e3181886ebe
und
Jihui Zhang, Siu-Ping Lam, Alice P. S. Kong, Ronald C. W. Ma, Shirley Xin Li, Joey W. Y. Chan, Mandy W. M. Yu, et al., "Family Conflict and Lower Morning Cortisol in Adolescents and Adults:

Modulation of Puberty," Scientific Reports 6, 22531 (2016): doi.org/10.1038/srep22531
und
Riittakerttu Kaltiala-Heino and Sari Fröjd, "Correlation Between Bullying and Clinical Depression in Adolescent Patients", Adolescent Health, Medicine and Therapeutics 2 (25. März 2011): 37–44, doi.org/10.2147/AHMT.S11554.

3. A. Angold, E. J. Costello, and C. M. Worthman, "Puberty and Depression: The Roles of Age, Pubertal Status and Pubertal Timing", Psychological Medicine 28, Nr. 1 (Januar 1998): 51–61, doi.org/10.1017/S003329179700593X.

4. "What Causes Depression?", Harvard Health Publishing, Harvard Medical School, zuletzt genutzt am 10. Oktober 2017,

5. Marianne Fraser, Paul Ballas, and Raymond Kent Turley, "Generalized Anxiety Disorder (GAD) in Children and Teens", Health Encyclopedia, University of Rochester Medical Center, zuletzt genutzt am 10. Oktober 2017, urmc.rochester.edu/encyclopedia/content.aspx?ContentTypeID=90&ContentID=P02565.

6. "Anorexia Nervosa", Child and Adolescent Eating Disorders Program, Golisano Children's Hospital, University of Rochester Medical Center, zuletzt genutzt am 10. Oktober 2017, urmc.rochester.edu/childrens-hospital/adolescent/eating-disorders/teens/anorexia-nervosa.aspx.
und
"Anorexia Nervosa", National Eating Disorders Association, zuletzt genutzt am 26. September 2019, nationaleatingdisorders.org/learn/by-eating-disorder/anorexia.

7. "Bulimia Nervosa", Child and Adolescent Eating Disorders Program, Golisano Children's Hospital, University of Rochester Medical Center, zuletzt genutzt am 10. Oktober 2017, urmc.rochester.edu/childrens-hospital/adolescent/eating-disorders/teens/bulimia-nervosa.aspx
und
"Bulimia Nervosa", National Eating Disorders Association, zuletzt genutzt am 27. September 2019, nationaleatingdisorders.org/learn/by-eating-disorder/bulimia.

8. Hélène N. C. Yoder, Wietse A. Tol, Ria Reis, and Joop T. V. M. de Jong, "Child Mental Health in Sierra Leone: A Survey and Exploratory Qualitative Study", International Journal of Mental Health Systems 10 (Juni 2016): 48, doi.org/10.1186/s13033-016-0080-8.

9. National Suicide Prevention Lifeline, zuletzt genutzt am 17. Oktober 2017, suicidepreventionlifeline.org.

10. "Trans Lifeline's Peer Support Hotline", Trans Lifeline, zuletzt genutzt am 17. Oktober 2017, translifeline.org/hotline/.

11. "Home," LGBT National Help Center, zuletzt genutzt am 17. Oktober 2017, glbthotline.org/.

12. "About Us," National Eating Disorders Association, zuletzt genutzt am 30. September 2019, nationaleatingdisorders.org/about-us.

13. "Eating Disorders in Men & Boys," National Eating Disorders Association, zuletzt genutzt am 30. September 2019, nationaleatingdisorders.org/learn/general-information/research-on-males.

14. "Does Depression Increase the Risk for Suicide?," U.S. Department of Health and Human Services, zuletzt aktualisiert am 16. September 2014, hhs.gov/answers/mental-health-and-substance-abusedoes-depression-increase-risk-of-suicide/index.html.

KAPITEL 13: ICH BIN OKAY, WIE ICH BIN (Alles über Selbstbewusstsein)

1. "Survey Finds Half of Girls Feel Paralyzed by the Fear of Failure During Puberty: New Always® #LikeAGirl Video Aims to Change This and Encourages Girls Everywhere to Keep Going #LikeAGirl", Procter & Gamble, zuletzt aktualisiert am 16. August 2017, businesswire.com/news/home/20170816005283/en/Survey-Finds-Girls-Feel-Paralyzed-Fear-Failure.
2. H. G. Virupaksha, Daliboyina Muralidhar, and Jayashree Ramakrishna, "Suicide and Suicidal Behavior among Transgender Persons", Indian Journal of Psychological Medicine 38, Nr. 6 (November–Dezember 2016): 505–9, ncbi.nlm.nih.gov/pmc/articles/PMC5178031/.
3. Susan J. Paxton, Dianne Neumark-Sztainer, Peter J. Hannan, and Marla E. Eisenberg, "Body Dissatisfaction Prospectively Predicts Depressive Mood and Low Self-Esteem in Adolescent Girls and Boys", Journal of Clinical Child & Adolescent Psychology 35, Nr. 4 (2006): 9–10, doi.org/10.1207/s15374424jccp3504_5.
4. Lily Durwood, Katie A. McLaughlin, and Kristina R. Olson, "Mental Health and Self-Worth in Socially Transitioned Transgender Youth", Journal of the American Academy of Child & Adolescent Psychiatry 56, Nr. 2 (Februar 2017): 116–23. e2, doi.org/10.1016/j.jaac.2016.10.016.
5. Krystle O'Leary, Cheryll L. Fitzpatrick, and Darcy Hallett, "Math Anxiety Is Related to Some, but Not All, Experiences with Math", Frontiers in Psychology 8 (Dezember 2017): 2067, doi.org/10.3389/fpsyg.2017.02067.

KAPITEL 14: NIEMAND MAG MICH (Alles über Mobbing)

1. "Facts About Bullying", StopBullying.gov, U.S. Department of Health and Human Services, zuletzt aktualisiert am 10. Juni 2019, stopbullying.gov/media/facts/index.html.
2. "Effects of Bullying", StopBullying.gov, U.S. Department of Health and Human Services, zuletzt aktualisiert am 12. September 2017, stopbullying.gov/at-risk/effects/index.html.
3. Dieter Wolke and Suzet Tanya Lereya, "Long-Term Effects of Bullying", Archives of Disease in Childhood 100, Nr. 9 (September 2015): 879–85, doi.org/10.1136/archdischild-2014-306667.
4. "What Kids Can Do", StopBullying.gov, U.S. Department of Health and Human Services, zuletzt aktualisiert am 28. September 2017, stopbullying.gov/kids/what-you-can-do/index.html.
5. Jing Wang, Ronald J. Iannotti, and Tonja R. Nansel, "School Bullying Among Adolescents in the United States: Physical, Verbal, Relational, and Cyber", Journal of Adolescent Health 45, Nr. 4 (Oktober 2009): 368–75, doi.org/10.1016/j.jadohealth.2009.03.021.
6. Sonali Kohli, "Austria Has the Most Bullying in the Western World, Sweden Has the Least", Quartz, 19. März 2015, qz.com/365799/austria-has-the-most-bullying-in-the-western-world-sweden-has-the-least/.
7. "Skills for Social Progress: The Power of Social and Emotional Skills", Organisation for Economic Cooperation and Development, OECD iLibrary, März 2015, dx.doi.org/10.1787/9789264226159-en.
8. Eva-Maria Annerbäck, Lotta Sahlqvist, and Gun Wingren, "A Cross-Sectional Study of Victimisation of Bullying Among Schoolchildren in Sweden: Background Factors and Self-Reported Health Complaints", Scandinavian Journal of Public Health 42, Nr. 3 (05. Dezember 2013): 270–77, doi.org/10.1177/1403494813514142.

9. National Suicide Prevention Lifeline, zuletzt genutzt am 17. Oktober 2017, suicidepreventionlifeline.org/.

10. Marina Verlinden, Henning Tiemeier, René Veenstra, Cathelijne L. Mieloo, Wilma Jansen, Vincent W. V. Jaddoe, Hein Raat, et al., "Television Viewing Through Ages 2–5 Years and Bullying Involvement in Early Elementary School", BMC Public Health 14 (2014): 157, doi.org/10.1186/1471-2458-14-157.

KAPITEL 15: DAS IST ALLES SO NEU …
(Alles über Verlieben, gegenseitiges Einverständnis, Belästigung und Missbrauch)

1. "All About Consent", Planned Parenthood, zuletzt genutzt am 14. Oktober 2019, plannedparenthood.org/learn/teens/sex/all-about-consent.

2. Kate Fogarty, "Teens and Sexual Harassment: Making a Difference", University of Florida, Institute of Food and Agricultural Services Extension, zuletzt aktualisiert April 2014, edis.ifas.ufl.edu/fy850.

3. "Forms of Abuse", SexInfo Online, University of California, Santa Barbara, zuletzt aktualisiert am 07. Mai 2017, sexinfo.soc.ucsb.edu/article/forms-abuse.

4. "About the National Sexual Assault Telephone Hotline", RAINN, zuletzt genutzt am 20. Oktober 2017, rainn.org/about-national-sexual-assault-telephone-hotline?_ga=2.155456765.799197879.1571060941-1683666710.1528295953.

5. "Emotional Abuse", University of Texas at Dallas Student Counseling Center, zuletzt genutzt am 27. Juni 2019, utdallas.edu/counseling/emotionalabuse/.

6. "Get Help for Yourself", loveisrespect, zuletzt genutzt am 14. Oktober 2019, loveisrespect.org/for-yourself/contact-us/.

7. "History and Vision", me too., metoomvmt.org/about/#history.

8. Benjamin R. Karney, Megan K. Beckett, Rebecca L. Collins, and Rebecca Shaw, "AdolescentnRomantic Relationships as Precursors of Healthy Adult Marriages: A Review of Theory, Research, and Programs", RAND Labor and Population technical report for U.S. Department of Health and Human Services, Office of Planning, Research, and Evaluation, 2007, acf.hhs.gov/sites/default/files/opre/adolescent_relationships.pdf.

KAPITEL 16: WIR HATTEN JA FRÜHER NUR DREI PROGRAMME …
(Alles über Internetnutzung und Internetsucht)

1. David Grossman, "How Do NASA's Apollo Computers Stack Up to an iPhone?", Popular Mechanics, 13. März 2017, popularmechanics.com/space/moon-mars/a25655/nasa-computer-iphone-comparison/
und
Tibi Puiu, "Your Smartphone Is Millions of Times More Powerful Than the Apollo 11 Guidance Computers", ZME Science, zuletzt aktualisiert am 11. Februar 2020, zmescience.com/research/technology/smartphone-power-compared-to-apollo-432/.

2. Taylor Kubota, "Stanford Research Shows That Anyone Can Become an Internet Troll", Stanford News, Stanford University, 06. Februar 2017, news.stanford.edu/2017/02/06/stanford-research-shows-anyone-can-become-internet-troll/.
3. "Internet Addiction", George Mason University Student Health Services, zuletzt genutzt am 27. Juni 2019, shs.gmu.edu/healthed/internet-addiction/.
4. Michela Del Vicario, Alessandro Bessi, Fabiana Zollo, Fabio Petroni, Antonio Scala, Guido Caldarelli, H. Eugene Stanley, et al.", The Spreading of Misinformation Online," PNAS 113, Nr. 3 (Januar 2016): 554–59, doi.org/10.1073/pnas.1517441113.
5. Monica Anderson and Andrew Perrin, "Nearly One-in-Five Teens Can't Always Finish Their Homework Because of the Digital Divide," Fact Tank, Pew Research Center, 26. Oktober 2018, pewresearch.org/fact-tank/2018/10/26/nearly-one-in-five-teens-cant-always-finish-their-homework-because-of-the-digital-divide/.
6. "North Korea," Freedom House Report, Freedom of the Press, zuletzt genutzt am 26. Juni 2019, freedomhouse.org/report/freedom-press/2013/north-korea (Seite nicht mehr aktiv).

KAPITEL 17: ALLES AUF DEM SCHIRM?
(Alles über Bildschirmzeit und Lebenszeit)

1. Victoria Rideout, Ulla Foehr, and Donald Roberts, "Generation M2: Media in the Lives of 8-to 18-Year-Olds", Kaiser Family Foundation, Januar 2010, kff.org/wp-content/uploads/2013/04/8010.pdf.
2. Victoria Rideout and VJR Consulting, "The Common Sense Census: Media Use by Kids Age Zero to Eight", Common Sense, 2017, cdn.cnn.com/cnn/2017/images/11/07/csm_zerotoeight_full.report.final.2017.pdf.
3. Jonathan A. Mitchell, Daniel Rodriguez, Kathryn H. Schmitz, and Janet Audrain-McGovern,"Greater Screen Time Is Associated with Adolescent Obesity: A Longitudinal Study of the BMI Distribution from Ages 14 to 18", Obesity (Silver Spring) 21, Nr. 3 (März 2013): 572–75, doi.org/10.1002/oby.20157.
4. Jay N. Giedd, "The Digital Revolution and Adolescent Brain Evolution", Journal of Adolescent Health 51, Nr. 2 (August 2012): 101–5, doi.org/10.1016/j.jadohealth.2012.06.002.
5. Hilarie Cash, Cosette D. Rae, Ann H. Steel, and Alexander Winkler, "Internet Addiction: A Brief Summary of Research and Practice", Current Psychiatry Reviews 8, Nr. 4 (November 2012): 292–98, doi.org/10.2174/157340012803520513.
6. Micah Dorfner, "Children and Screen Time: How Much Is Too Much?", News Network, Maio Clinic, zuletzt aktualisiert am 16. April 2015, newsnetwork.Maioclinic.org/discussion/children-and-screen-time-how-much-is-too-much/.
7. "China and India Shift to 4th Gear-Leave Many Mature Markets in the Dust," tefficient, 17. Januar 2019, tefficient.com/wp-content/uploads/2019/01/tefficient-industry-analysis-3-2018-mobile-data-usage-and-revenue-1H-2018-per-country-final-17-Jan-2019.pdf.
8. "Screen Time vs. Lean Time Infographic", Division of Nutrition, Physical Activity, and Obesity, Centers for Disease Control and Prevention, zuletzt aktualisiert am 29. Januar 2018, cdc.gov/nccdphp/dnpao/multimedia/infographics/getmoving.html?CDC_AA_refVa.

9. Jean M. Twenge and W. Keith Campbell, "Associations Between Screen Time and Lower Psychological Well-Being Among Children and Adolescents: Evidence from a Population-Based Study", Preventive Medicine Reports 12 (Dezember 2018): 271–83, doi.org/10.1016/j.pmedr.2018.10.003.

KAPITEL 18: MOMENT MAL, DA IST NOCH MEHR? (Alles über noch mehr aus Wissenschaft und Forschung!)

1. Lindsay T. Hoyt, Li Niu, Mark C. Pachucki, and Natasha Chaku, "Timing of Puberty in Boys and Girls: Implications for Population Health", SSM—Population Health 10, 100549 (04. Februar 2020): 1–12, doi.org/10.1016/j.ssmph.2020.100549.
2. "Headache and Facial Pain," Stanford Medicine, Division of Pain Medicine, zuletzt genutzt am 01. Mai 2020, med.stanford.edu/pain/about/chronic-pain/migraines.html.
3. B. Böttcher, A. Kyprianou, C. Lechner, M. Kößler, E. Heinz-Erian, S. Neururer, S. Abdel Azim, L. Wildt, B. Toth, M. Baumann, M. Rauchenzauner, and K. Rostásy, "Manifestation of Migraine in Adolescents: Does It Change in Puberty?", European Journal of Paediatric Neurology (20. Februar 2020), doi.org/10.1016/j.ejpn.2020.02.006.
4. Elizabeth Miller, Kelley A. Jones, Lisa Ripper, Taylor Paglisotti, Paul Mulbah, and Kaleab Z. Abebe, "An Athletic Coach–Delivered Middle School Gender Violence Prevention Program: A Cluster Randomized Clinical Trial", JAMA Pediatrics 174, Nr. 3 (13. Januar 2020): 241–49, ncbi.nlm.nih.gov/pubmed/31930358.
5. Gary A. Smith, Thitphalak Chounthirath, Mark Splaingard, "Do Sleeping Children Respond Better to a Smoke Alarm That Uses Their Mother's Voice?", Academic Pediatrics 20, Nr. 3 (April 2020): 319–26, doi.org/10.1016/j.acap.2019.06.016.
6. Jordan Thibodeaux and Adam Winsler, "Careful What You Say to Yourself: Exploring Self-Talk and Youth Tennis Performance via Hierarchical Linear Modeling", Psychology of Sport and Exercise 47, 101646 (März 2020), doi.org/10.1016/j.psychsport.2020.101646.
7. Andreia Pinto, Ana Cristina Santos, Carla Lopes, and Andreia Oliveira, "Dietary Patterns at 7-Year-Old and Their Association with Cardiometabolic Health at 10-Year-Old", Clinical Nutrition 39, Nr. 4 (April 2020): 1195–1202, doi.org/10.1016/j.clnu.2019.05.007.
8. Ervina Ervina, Ingunn Berget, Alexander Nilsen, and Valerie Almi, "The Ability of 10–11-Year-Old Children to Identify Basic Tastes and Their Liking Towards Unfamiliar Foods", Food Quality and Preference 83, 103929 (Juli 2020), doi.org/10.1016/j.foodqual.2020.103929.

GLOSSAR

Agender heißt in etwa „geschlechtslos" beziehungsweise „ohne Gender-Ausdruck". Agender Personen fühlen sich keinem Geschlecht zugehörig und kleiden und verhalten sich bewusst männlich und weiblich (zugleich).

Mit **asexuell** betitelt man Menschen, die keine sexuelle Beziehung zu anderen möchten, aber durchaus romantische Beziehungen führen und Zärtlichkeiten wie Küsse oder Umarmungen tauschen. Manche asexuelle Menschen haben auch Sex, das ist wie immer ganz verschieden.

Bigender bezeichnet Menschen, die sich mit beiden sozialen Geschlechtern identifizieren, mit den klassischen Rollenmustern brechen und/oder bewusst Elemente aus sowohl männlich als auch weiblich konnotierten Bereichen wählen.

Bisexuelle Menschen fühlen sich sexuell und/oder emotional zu zwei oder mehr Geschlechtern hingezogen. Manche zählen bei der Definition das eigene Geschlecht dazu, andere nicht.

Cisgender ist das Gegenteil von transgender und setzt sich zusammen aus dem lateinischen „cis" für „diesseits" und dem englischen „gender" für „soziales Geschlecht". Cisgender bedeutet, sich mit dem bei der Geburt zugewiesenen Geschlecht zu identifizieren.

Coming-out (englisch für „herauskommen") wird der Schritt genannt, wenn ein Mensch vor anderen öffentlich seine eigene sexuelle Identität bekannt macht, wenn diese von dem abweicht, was als „gesellschaftliche Norm" gilt.

Als **genderfluid** identifizieren sich Menschen, die auf kein Geschlecht und dessen Rollenmuster festgelegt sind und sich frei fließend, also fluid, zwischen allen Geschlechtern bewegen.

Genderqueer ist ein Sammelbegriff für Menschen, deren festgelegte Geschlechtsidentität im binären Spektrum zu verorten ist. Es kann aber auch bedeuten, dass jemand sich abwechselnd oder zugleich als männlich oder weiblich oder als keines von beiden identifiziert. Dann ist der Begriff nicht klar gegen nicht-binär und genderfluid abgrenzbar.

Geschlechtsausdruck beschreibt, wie Menschen über Verhalten oder Aussehen Geschlecht ausdrücken. Man darf nicht vom Geschlechtsausdruck auf die Geschlechtsidentität rückschließen, denn ein Rock oder bemalte Lippen bedeuten nicht für alle das Gleiche.

Geschlechtsidentität beschreibt das innere Wissen und Empfinden darüber, welchem Geschlecht man sich zugehörig fühlt. Viele Menschen wissen früh, wo und wie sie sich zuordnen, aber das gilt nicht für alle und kann sich im Laufe des Lebens verändern. Die Geschlechtsidentität ist nicht sichtbar, aber sie ist ein wichtiger Teil dessen, was eine Person ausmacht.

Als **heterosexuell** („heteros" ist griechisch für „der andere, ungleich") gelten Menschen, die sich sexuell und/oder emotional zu Menschen des anderen Geschlechts hingezogen fühlen.

Homosexuell (vom griechischen „homos" für „gleich") beschreibt Menschen, die sich sexuell und/oder emotional zu Menschen ihres Geschlechts hingezogen fühlen.

Inter* beschreibt Menschen, denen bei der Geburt weder eindeutig das männliche noch das weibliche Geschlecht zugewiesen werden kann.

Lesbisch wird im Zusammenhang mit homosexuellen Frauen verwendet.

LSBTIQ* steht für „lesbisch, schwul, bi, trans*, inter* und queer". Oftmals auch als „LGBTIQ*" genutzt, wobei das G für das englische Wort „gay", also schwul, steht. Das Sternchen, oder manchmal auch ein Pluszeichen, repräsentiert alle Geschlechtsausdrücke und Geschlechtsidentitäten, die nicht von den Buchstaben abgedeckt werden.

Nicht-binär (oder nichtbinär) heißt, sich keinem der beiden traditionell in Deutschland festgelegten Geschlechter zugehörig zu fühlen. Etwas „Binäres" ist „zweigeteilt" und unsere Gesellschaft hat zwei Kategorien für Geschlechtlichkeit: männlich und weiblich. Nicht-binäre Menschen können sich aber mit keinem der beiden identifizieren. Seit 2018 erlaubt das deutsche Personenstandsgesetz vier Angaben zum Geschlecht: männlich, weiblich, ohne Angaben und divers. Wenn Kinder mit Merkmalen für männlich und weiblich zur Welt kommen, ist seit 2013 ein offener Geschlechtseintrag und seit 2018 der Eintrag „divers" möglich. Auch in einigen anderen Ländern ist dies mittlerweile der Fall und in manchen Kulturen gibt es schon lange mehr als nur zwei Geschlechter. Der Begriff „binär" wird übrigens auch in vielen verschiedenen wissenschaftlichen Disziplinen wie etwa der Mathematik oder der Chemie benutzt.

Pansexuell bedeutet, Menschen zu lieben, unabhängig vom Geschlecht oder der Geschlechtsidentität. Der Begriff leitet sich vom griechischen Wort „pan" ab, was so viel wie „allumfassend" heißt.

Queer war im Englischen lange Zeit ein Schimpfwort, insbesondere gegenüber schwulen Männern. Heute nutzen Menschen diesen Begriff als positive Selbstbezeichnung, die ihre Identität „außerhalb der gesellschaftlichen Norm" sehen. Queer steht also für ganz viel, etwa für eine Geschlechtsidentität, einen Gender-Ausdruck, eine sexuelle Orientierung und alles, was „nicht der gesellschaftlichen Norm entspricht", also nicht-binär ist. Außerdem ist Queer eine Theorierichtung und ein Wissenschaftszweig, in denen es unter anderem darum geht, Schubladendenken aufzubrechen.

Safer Sex ist englisch für „geschützter Geschlechtsverkehr". Zum Beispiel kann ein Kondom sowohl vor einer ungewollten Schwangerschaft als auch vor einer Reihe von Krankheiten schützen, die durch den Austausch von Körperflüssigkeiten beim Geschlechtsverkehr übertragen werden können.

Schwul wird im Zusammenhang mit homosexuellen Männern verwendet.

Teen, Teenager ist der englische Begriff für Jugendliche im Alter von 13 (thirteen) bis 19 (nineteen) Jahren.

Trans* beschreibt, dass das Geschlecht, das von außen zugewiesen wurde, nicht dem eigenen Empfinden oder Erleben entspricht. Hinter trans* – also transgender, transsexuell, transident, transgeschlechtlich … – steht die ganze Vielfalt an unterschiedlichen Geschlechtsidentitäten, welche die binäre Geschlechtszuordnung sprengen.

Tween bezeichnet Kinder zwischen neun und zwölf Jahren und leitet sich von den englischen Worten „between" für „dazwischen" und „Teenager" für „Jugendliche" ab. „Tweens" sind nämlich irgendwie „dazwischen": Sie sind keine kleinen Kinder mehr, aber auch noch keine Teenager.

PICKEL
total verknallt
KLEBRIG
STRESS
Periode
HORMONE
VERWIRRUNG
LSBTIQ*
RASIEREN
IDENTITÄT
HAARIG
KOMISCH
MOBBING
Masturbation
STIMM-BRUCH
STINKIG
SCHLAF